コンパクト解説 会社法
2

取締役
取締役会
執行役

北浜法律事務所【編】

商事法務

はしがき

　平成 26 年改正会社法が平成 27 年に施行され、社外役員の定義が見直されるとともに、株式会社の機関構成として、従来の委員会設置会社（指名委員会等設置会社）および監査役（会）設置会社に加え、監査等委員会設置会社が認められるなど、株式会社のコーポレートガバナンスが強化されました。また、東京証券取引所等において「コーポレートガバナンス・コード」が制定され、上場会社に適用されることになりました。

　他方、会社の不祥事・業績不振等に対する株主からの見方は厳しさを増しています。

　このような取締役・執行役や取締役会・各委員会を取り巻く環境の変化を受けて、これまで以上に、取締役・執行役の業務執行、取締役会や各委員会の運営等を適切に行うことが必要になっており、取締役・執行役をはじめとする取締役会・各委員会の構成員およびこれらの運営に携わる方々は、会社法等の法令に関する適切な理解が求められます。

　本書は、平成 26 年改正会社法やコーポレートガバナンス・コードを踏まえ、取締役、執行役、取締役会および各委員会等に関する基本的な事項を解説したものです。第 1 編では、会社法に基づいて選択できる機関構成とコーポレートガバナンス・コードの概要を解説し、第 2 編では Q&A 形式で各項目についてコンパクトに解説しています。

　本書の読者としては、主に企業の法務部員の方を念頭に置いています。そのため、解説に際しては、基本的な事項を漏れなく解説することを念頭に置きつつ、会社法を勉強しようとするときに最初につまずきやすい点については、きちんと解説することを目指しました。その意味では、企業の法務部員の方のみならず、取締役や執行役になられる方を含め、実務に携わられるさまざまな立場の方にとっても参考になるものと思います。

　本書が、皆様の会社における取締役会の適切な運営に少しでも資するものとなれば望外の喜びです。なお、本書は学術的な解説を目指すものではなく、コンパクトな実務書として利用されることを念頭に置いているため、原則として文献の引用は行っておりません。

　最後に、本書の出版にあたっては、企画段階から校正に至るまで、株式会社

商事法務の岩佐智樹氏、水石曜一郎氏および木村太紀氏にご尽力いただきました。この場を借りて厚く御礼申し上げます。

平成 28 年 3 月

弁護士　渡辺　徹　　弁護士　荒川雄二郎
弁護士　原　吉宏　　弁護士　谷口明史
弁護士　三木　亨

目　次

第1編　総　論

第1章　ガバナンス体制の選択

1　コーポレートガバナンスの意義 ……………………………………………………… 2

2　会社法が定めるガバナンス体制 …………………………………………………… 3

3　各体制が併存する理由 ……………………………………………………………… 3

4　各体制の特徴・相違点 ……………………………………………………………… 4

第2章　コーポレートガバナンス・コード

1　コーポレートガバナンス・コードとは何か ……………………………………… 16

2　コーポレートガバナンス・コードの策定・施行の経緯 ……………………… 16

3　コーポレートガバナンス・コードの位置付け ………………………………… 17

4　コーポレートガバナンス・コードの目的 ……………………………………… 18

5　コーポレートガバナンス・コードの概要 ……………………………………… 19

6　コーポレートガバナンス・コードの適用対象 ………………………………… 20

7　プリンシプルベース・アプローチ ……………………………………………… 21

8　コンプライ・オア・エクスプレイン …………………………………………… 22

9　コーポレートガバナンスの定義 ………………………………………………… 23

10　機関設計との関係 ………………………………………………………………… 24

11　取締役会の責務 …………………………………………………………………… 25

12　役員報酬 …………………………………………………………………………… 27

13　コーポレートガバナンス・コードの効果 ……………………………………… 27

第2編　Q&A

第1章　取締役

1 選任・終任、資格・欠格事由、任期 …………………………………… 30
- Q1　取締役と監査役の違い ………………………………………………… 30
- Q2　取締役の選任要件 ……………………………………………………… 31
- Q3　取締役の員数 …………………………………………………………… 34
- Q4　任用契約書の締結の要否 ……………………………………………… 35
- Q5　取締役の終任 …………………………………………………………… 36
- Q6　取締役の辞任の制約 …………………………………………………… 36
- Q7　取締役の解任 …………………………………………………………… 38
- Q8　取締役解任の正当理由 ………………………………………………… 39
- Q9　取締役の任期 …………………………………………………………… 40
- Q10　取締役の任期の統一 …………………………………………………… 42
- Q11　社外取締役の欠員 ……………………………………………………… 42
- Q12　補欠取締役の選任決議の有効期間 …………………………………… 43

2 業務執行 …………………………………………………………………… 44
- Q13　業務執行と職務執行 …………………………………………………… 44
- Q14　代表取締役と業務担当取締役／業務執行取締役の違い …………… 46
- Q15　取締役の職務執行停止 ………………………………………………… 47

3 善管注意義務・忠実義務 ………………………………………………… 48
- Q16　善管注意義務と忠実義務の関係 ……………………………………… 48
- Q17　取締役ごとの善管注意義務の内容 …………………………………… 49

4 競業避止義務 ……………………………………………………………… 49
- Q18　競業取引規制の概要 …………………………………………………… 49
- Q19　競業取引に該当する行為 ……………………………………………… 51
- Q20　退任後の競業禁止特約 ………………………………………………… 53
- Q21　退任予定取締役による従業員の引抜き ……………………………… 54

5 利益相反取引 ……………………………………………………………… 55
- Q22　利益相反取引規制の概要 ……………………………………………… 55
- Q23　直接取引と間接取引 …………………………………………………… 58
- Q24　役員兼務の場合 ………………………………………………………… 60
- Q25　グループ会社間取引 …………………………………………………… 63
- Q26　取締役が取引先の株主である場合 …………………………………… 65

目 次　v

Q27	親族関係と利益相反取引	66
Q28	利益相反取引に該当しない取引	67
Q29	包括承認の可否	69
Q30	事後承認の可否	70
Q31	監査等委員会設置会社における特則	70
Q32	関連当事者取引の開示	72

6　取締役の会社に対する責任 ･･････････････････････････････････ 75

Q33	取締役の会社に対する責任の概要	75
Q34	経営判断の原則	77
Q35	金融機関の取締役に適用される経営判断の原則	78
Q36	他の取締役の法令違反を認識した取締役に適用される経営判断の 原則および監督（監視）義務	80
Q37	他の取締役の法令違反を認識した取締役が将来の違法行為に関して 負うべき監督（監視）義務	81
Q38	内部統制システム構築義務	83
Q39	子会社管理責任	85
Q40	取締役の任務懈怠責任の免除	87
Q41	利益供与責任	91
Q42	剰余金の配当等に関する責任	93
Q43	欠損が生じた場合の責任	95
Q44	出資の履行に瑕疵がある場合の責任	96

7　第三者に対する責任 ･･････････････････････････････････････ 98

Q45	第三者に対する責任	98
Q46	株主が第三者として行う取締役に対する責任の追及	100
Q47	金融商品取引法上の責任	101

8　株主代表訴訟 ･･ 105

Q48	株主代表訴訟	105
Q49	株主の原告適格	107
Q50	多重代表訴訟	108

9　取締役の報酬 ･･ 110

Q51	報酬の概念	110
Q52	報酬の決定方法	113
Q53	報酬額決定後の不支給・減額	116
Q54	使用人兼務取締役の給与・子会社役員兼務役員の報酬	117
Q55	賞与	119

vi　目次

Q56　退職慰労金・弔慰金 …………………………………… 120

Q57　退職慰労金の不支給・減額 …………………………… 121

Q58　退職慰労金制度の廃止 ………………………………… 123

Q59　ストック・オプション ………………………………… 124

Q60　業績連動報酬の概念 …………………………………… 127

Q61　報酬等の開示 …………………………………………… 130

10　代表取締役 ……………………………………………………… 133

Q62　社内規則に違反する／取締役会の承認決議を経ない代表取締役の

　　　行為の効力 ……………………………………………… 133

Q63　代表印の要否 …………………………………………… 134

Q64　代表取締役等の肩書と表見代表取締役 ……………… 134

Q65　代表取締役の第三者に対する損害賠償責任 ………… 136

Q66　代表取締役の権限濫用 ………………………………… 137

Q67　代表取締役の解職 ……………………………………… 138

11　社外取締役 ……………………………………………………… 139

Q68　社外取締役の資格 ……………………………………… 139

Q69　社外取締役と独立役員の相違点 ……………………… 141

Q70　社外取締役・独立役員の役割 ………………………… 143

Q71　社外取締役を置かない場合の説明義務 ……………… 145

12　取締役に関する登記 …………………………………………… 146

Q72　取締役の就任登記時の添付書類 ……………………… 146

Q73　代表取締役の就任登記時の添付書類 ………………… 147

第2章　取締役会

Q74　取締役会の招集手続 ……………………………………… 149

Q75　取締役会の招集通知が不要な場合 …………………… 151

Q76　取締役会の運営 ………………………………………… 152

Q77　取締役会の定足数 ……………………………………… 154

Q78　招集通知に記載されていない議題の審議の可否 …… 155

Q79　決議事項について賛成と反対が同数の場合 ………… 156

Q80　特別利害関係を有する取締役 ………………………… 157

Q81　取締役会の書面決議 …………………………………… 159

Q82　取締役会決議の瑕疵 …………………………………… 161

Q83　取締役会議事録の記載事項等 ………………………… 162

Q84　取締役会の報告事項 …………………………………… 164

目次 vii

Q85	取締役会の決議事項	166
Q86	取締役会の専決事項	169
Q87	内部統制システムの決議（その1・決議項目）	171
Q88	内部統制システムの決議（その2・決議内容）	173
Q89	内部統制システムの構築・運用	176
Q90	監査等委員会設置会社・指名委員会等設置会社における「経営の基本方針」	177
Q91	特別取締役による取締役会決議	178

第3章　指名委員会等設置会社・監査等委員会設置会社

1 指名委員会等設置会社の三委員会 ··············· 180

Q92	三委員会の構成	180
Q93	指名委員会の権限	181
Q94	監査委員会の権限	182
Q95	報酬委員会の権限	185
Q96	三委員会の運営	186

2 執行役 ··············· 189

Q97	執行役の選任・終任	189
Q98	執行役の権限	191
Q99	執行役の監督体制	192
Q100	執行役の義務	194
Q101	執行役の責任	195

3 監査等委員会設置会社 ··············· 196

Q102	監査等委員の選任・終任等	196
Q103	監査等委員会の構成・運営	198
Q104	監査等委員会の権限	200
Q105	任意の委員会設置	202

編者・著者紹介 ··············· 203

凡　例

1　法令の略称　（　）はかっこの中で用いる場合

法	会社法
施行規則（施）	会社法施行規則
計算規則（計）	会社計算規則
金商法	金融商品取引法
商登	商業登記法
商登則	商業登記規則
財務諸表等規則	財務諸表等の用語、様式及び作成方法に関する規則
連結財務諸表規則	連結財務諸表の用語、様式及び作成方法に関する規則

2　判例誌の略称

民集	最高裁判所民事判例集
判時	判例時報
判タ	判例タイムズ
金判	金融・商事判例

参考文献

坂本三郎編著『一問一答　平成 26 年改正会社法〔第 2 版〕』（商事法務、2015 年）

神田秀樹編『論点詳解　平成 26 年改正会社法』（商事法務、2015 年）

山下友信編『会社法コンメンタール(3)——株式(1)』（商事法務、2013 年）

神田秀樹『会社法コンメンタール(5)——株式(3)』（商事法務、2013 年）

落合誠一編『会社法コンメンタール(8)——機関(2)』（商事法務、2009 年）

岩原紳作編『会社法コンメンタール(9)——機関(3)』（商事法務、2014 年）

江頭憲治郎＝弥永真生編『会社法コンメンタール(10)——計算等(1)』（商事法務、2011 年）

奥島孝康ほか編『新基本法コンメンタール会社法(2)』（日本評論社、2010 年）

江頭憲治郎＝中村直人編著『論点体系会社法(3)』（第一法規、2012 年）

江頭憲治郎＝中村直人編著『論点体系会社法（補巻）』（第一法規、2015 年）

浜田道代＝岩原紳作編『会社法の争点』（有斐閣、2009 年）

江頭憲治郎『株式会社法〔第 6 版〕』（有斐閣、2015 年）

中村直人編著『取締役・執行役ハンドブック〔第 2 版〕』（商事法務、2015 年）

野口葉子『実務家のための取締役の競業取引・利益相反取引規制〔第 2 版〕』（商事法務、2015 年）

相澤哲ほか編著『論点解説　新・会社法』（商事法務、2006 年）

澤口実『Q&A 取締役会運営の実務』（商事法務、2010 年）

前田雅弘「取締役の自己取引——商法 265 条の適用範囲の再検討」森本滋ほか編『企業の健全性確保と取締役の責任』（有斐閣、1997 年）

商事法務編集部「指名委員会等設置会社における委員会等の運営に関するアンケート調査結果〔I〕～〔III〕」商事法務 2069 号・2070 号・2071 号（2015 年）

油布志行ほか「『コーポレートガバナンス・コード原案』の解説〔I〕～〔IV〕」商事法務 2062 号・2063 号・2064 号・2065 号（2015 年）

髙田剛『実務家のための役員報酬の手引き』（商事法務、2013 年）

中村直人＝倉橋雄作『コーポレートガバナンス・コードの読み方・考え方』（商事法務、2015 年）

澤口実ほか編著『コーポレートガバナンス・コードの実務〔第 2 版〕』（商事法務、2016 年）

中村直人ほか『平成 26 年改正会社法対応　内部統制システム構築の実務』（商事法務、2015 年）

松井信憲『商業登記ハンドブック〔第 3 版〕』（商事法務、2015 年）

コーポレート・ガバナンス・システムの在り方に関する研究会「コーポレート・ガバ

ナンスの実践——企業価値向上に向けたインセンティブと改革」(2015 年)

松浪信也『監査等委員会設置会社の実務——他制度との比較と移行手続の解説〔第 2 版〕』(中央経済社、2015 年)

横地大輔「従業員等の競業避止義務等に関する諸論点について(上)(下)」判例タイムズ 1387 号・1388 号(2013 年)

第1編

総　論

第1章　ガバナンス体制の選択

1 コーポレートガバナンスの意義

　コーポレートガバナンスとは、平たくいえば、企業経営を規律するための仕組みのことです。

　株式会社とは、利益を得て、その利益を分配することを目的とする法人であり、経営陣は株主から経営の負託を受けて、利益をあげることを要請されています。そのため、ともすれば、経営陣は利益を求めるあまり、不当・違法な業務執行を行う誘惑にかられることがあります。不当・違法な業務執行により利益をあげることは、いわゆる企業不祥事にほかならず、企業不祥事は企業価値を毀損し、場合によっては倒産に至ることもあります。したがって、株式会社にとっては、不当・違法な業務執行が行われないように事前にチェックし、あるいは、不当・違法な業務執行が行われたとしても、芽が小さいうちに摘み取れるような仕組みを構築することが必要不可欠です。その仕組みをコーポレートガバナンスといいます。

　もっとも、コーポレートガバナンス・コードにおいては、コーポレートガバナンスとは、「会社が、株主をはじめ顧客・従業員・地域社会等の立場を踏まえた上で、透明・公正かつ迅速・果断な意思決定を行うための仕組み」を意味するとされており、従来の理解とやや異なる意味付けがなされています。その理由として、コーポレートガバナンス・コードでは、「会社におけるリスクの回避・抑制や不祥事の防止といった側面を過度に強調するのではなく、むしろ健全な企業家精神の発揮を促し、会社の持続的な成長と中長期的な企業価値の向上を図ることに主眼を置いて」おり、「いわば『攻めのガバナンス』の実現を目指す」からであると説明されています。

　以下に述べる会社法のガバナンス体制においては、コーポレートガバナンス・コードが意味するようなコーポレートガバナンスを必ずしも前提とするものではないと考えられますが、コーポレートガバナンスという概念自体は会社

法上の概念ではなく、固定された定義があるわけでもないことから、実務上、コーポレートガバナンスが語られる場面においては、どのような意味で語られているのかについて留意することが必要です。

② 会社法が定めるガバナンス体制

　日本の会社法は、コーポレートガバナンスを実現するための体制（ガバナンス体制）として、監査役会設置会社・指名委員会等設置会社・監査等委員会設置会社の3種類を用意しています。

　まず、監査役会設置会社は、監査役3名以上で構成される監査役会および個々の監査役が、経営陣である取締役の業務執行を監査し、取締役会が取締役の職務の執行を監督するというガバナンス体制です。

　次に、指名委員会等設置会社は、監査役および監査役会を持たず、代わりに、社外取締役が過半数を占める指名委員会・報酬委員会・監査委員会に強権を持たせ、かつ、取締役会は経営陣である執行役の業務執行を監督するというガバナンス体制です。

　最後に、監査等委員会設置会社は、同じく、監査役および監査役会を持たず、代わりに社外取締役が過半数を占める監査等委員会が、経営陣である取締役の業務執行について監査等を行うというガバナンス体制です。

③ 各体制が併存する理由

　このように、日本の会社法は、ガバナンス体制を3種類も用意していますが、これは他国に例を見ません。それぞれのガバナンス体制の内容を理解するためには、3種類ものガバナンス体制が併存することとなった立法経緯を知っておく必要があります。

　もともと、日本のガバナンス体制は監査役会設置会社しかありませんでした。しかし、その監査権限の弱さがつとに指摘され、監査権限の拡大化を図る商法改正が繰り返され、現在の監査役制度となりました。

　しかし、日本と同様の監査役制度を採っている先進国は存在せず、外国の上場会社には、モニタリング・モデル（取締役会は経営陣に業務執行を委ね、その経営陣の監督機関になるガバナンス体制）を採用するものが多くみられます。そこで、一種のモニタリング・モデルとして指名委員会等設置会社が、平成14

年商法改正において導入されました。

　しかしながら、指名委員会等設置会社は、必ずしも普及せず、上場会社で採用する会社は 100 社に満たない状況です。その理由は、指名委員会と報酬委員会が役員指名と役員報酬の決定権限を有することにあるといわれています。日本の会社の典型的な社長は、役員指名と役員報酬の決定は社長の専権であると考えていることが多く、そのような経営者にとって、指名委員会等設置会社は極めて抵抗感があるといわれています。このように、指名委員会等設置会社が導入された後も、監査役会設置会社によるガバナンス体制が主流となっていますが、外国人投資家からは、取締役会において議決権を有しない監査役の機能が評価されにくいといわれており、次第に外国人投資家から日本のガバナンス体制に強い懸念が示されるようになりました。そこで、平成 26 年会社法改正においては、世界の潮流となっている、議決権を有する社外取締役によるガバナンス体制の導入が審議されることとなりました。もっとも、監査役会設置会社には、すでに 2 名以上の社外監査役が選任されていることから、それに加えて社外取締役を選任することはかなりの重複感・負担感が生じてしまうという問題がありました。

　そこで、以上の指名委員会等設置会社と監査役会設置会社の問題点を除去するガバナンス体制の導入が審議されることとなり、監査委員会のみ設置すればよく（指名委員会と報酬委員会の設置は不要）、かつ、社外取締役のみ選任すればよい（社外監査役の選任は不要）というガバナンス体制として、監査等委員会設置会社が立法化されました。監査等委員会設置会社は、導入初年度から数百社が採用表明しています。

　以上を踏まえ、それぞれのガバナンス体制の特徴・相違点を整理しますと、次のとおりです。

4　各体制の特徴・相違点

Ⅰ　取締役会の経営陣に対する監督機能

1　監査役会設置会社

　取締役が経営陣に他ならないため、取締役会は経営陣の監督機能に特化しているものではありませんが、取締役の職務の執行を監督しなければならないとされており、代表取締役が不適任であるならばその解職をしなければなりません（法 362 条 2 項 2 号・3 号）。しかし、監査役会設置会社では、取締役の全員

または大多数が業務執行を行う取締役であり、その頂点に代表取締役が存在するため、取締役、特に代表取締役に対する監督機能を発揮させることが事実上困難であることが指摘されています。また、業務執行を行わない監査役会には、社外監査役が少なくとも2名以上存在しますが（法335条3項）、監査役には議決権がないため、その権限には限界があるとされます。

2 指名委員会等設置会社

経営陣である執行役と取締役との兼任を禁じていないため、執行機関と監督機関を完全に分離してはいないものの、取締役会は執行役に業務執行を委ね、その業務執行を監督するというモニタリング・モデルの機関構成を採っています。また、社外取締役が過半数を占める三委員会が置かれ、特に指名委員会と報酬委員会の決定を取締役会が覆すことができないこととし、極めて強い権限を付与しています。これは、少数の社外取締役でも監督機能が果たせるようにするためです。

3 監査等委員会設置会社

議決権を有する社外取締役を少なくとも2名以上選任しなければならないため（法331条6項）、監査役会設置会社よりも経営陣に対する監督機能が強化されているといえます。また、監査等委員会設置会社の特徴として、取締役会による経営陣の監督機能強化の度合いを自由に選択できるということが挙げられます。すなわち、単に監査役会を監査等委員会に置き換えただけの最低限の機能強化にとどめることもできる一方で、取締役の過半数を社外取締役として、重要な業務執行の決定を大幅に取締役に委任することでモニタリング・モデルを実現することもできます（Ⅱ参照）。

Ⅱ 重要な業務執行の決定の委任

1 監査役会設置会社

取締役会は重要な業務執行の決定を取締役に委任することはできません（法362条4項）。これは、Ⅰで述べたとおり、監査役会設置会社では、取締役の全員または大多数が業務執行を行う取締役であり、その頂点に代表取締役が存在するため、取締役、特に代表取締役に対する監督機能を発揮させることが事実上困難であるため、重要な業務執行の決定を取締役に委ねることができないからです。

2 指名委員会等設置会社

重要な財産の処分・譲受け、多額の借財、重要な使用人の選任・重要な組織

の設置等に関する決定を含め、多くの重要な業務執行の決定を執行役に委任することができます（法416条4項）。指名委員会等設置会社は、Ⅰで述べたとおり、取締役会は執行役に業務執行を委ね、その業務執行を監督するというモニタリング・モデルの機関構成を採っていること、また、社外取締役が過半数を占める三委員会が置かれ、特に指名委員会と報酬委員会の決定を取締役会が覆すことができないこととし、極めて強い権限を付与していることから、大幅な業務執行の決定権限の委任を可能としました。

3　監査等委員会設置会社

原則として、取締役会は重要な業務執行の決定を取締役に委任することはできません（法399条の13第4項）。これは、監査等委員会設置会社は直ちにモニタリング・モデルを実現するものではないし、また、指名委員会・報酬委員会も置かれていないからです。もっとも、Ⅰで述べたとおり、取締役の過半数を社外取締役とする場合、取締役会の監督機能の充実が図られているため、モニタリング・モデルの取締役会とすることも可能となります。そこで、取締役の過半数が社外取締役である場合は、例外として、重要な業務執行を取締役に委任することができるとされました（同条5項）。これに加えて、もう1つの例外として、定款の定めにより、重要な業務執行を取締役に委任することができるとされました（同条6項）。もっとも、この規定は、ガバナンスの理論から導かれるものではなく、専ら、社外取締役の導入を促すために、監査等委員会設置会社への移行を勧奨するための政策的規定です。

Ⅲ　取締役の選解任に対する影響力

1　監査役会設置会社

監査役は、取締役会において議決権を有していないため、取締役の選解任に影響力を行使することができません。

2　指名委員会等設置会社

指名委員会は、株主総会に提出する取締役の選任・解任に関する議案の内容を決定する権限を有します（法404条1項）。しかも、その決定は最終的な決定権限であり、取締役会で覆すことはできません（法416条4項5号）。このように、指名委員会等設置会社の指名委員会は、取締役の選解任について直接かつ最終的な影響力を行使することができます。

3　監査等委員会設置会社

指名委員会は法定されていません。むしろ、指名委員会を必須の機関としな

いガバナンス体制として立法化されたからです。もっとも、監査等委員会が選定する監査等委員は、株主総会において、監査等委員である取締役以外の取締役の選任もしくは解任または辞任について監査等委員会の意見を述べることができるとされており（法342条の2第4項）、監査等委員会はその意見の決定をしなければなりません（法399条の2第3項3号）。このように、監査等委員会には、取締役の選解任について、間接的ながらも影響力を行使することができます。

Ⅳ　経営陣の報酬に対する影響力
1　監査役会設置会社
　監査役は、取締役の報酬に対して何らかの影響を与えるような権限は有していません。
2　指名委員会等設置会社
　報酬委員会において、執行役の報酬の内容を決定するとされており、報酬を定款・総会決議で定める必要がありません（法404条3項）。また、報酬委員会は、執行役の個人別の報酬の内容に係る決定に関する方針を定め、その方針に従って内容を決定します（法409条1項・2項）。このように、指名委員会等設置会社の報酬委員会は、執行役の報酬について、直接かつ最終的な影響力を行使することができます。
3　監査等委員会設置会社
　報酬委員会は法定されていません。むしろ、報酬委員会を必須の機関としないガバナンス体制として立法化されたからです。もっとも、監査等委員会が選定する監査等委員は、株主総会において、監査等委員である取締役以外の取締役の報酬について監査等委員会の意見を述べることができるとされており（法361条6項）、監査等委員会はその意見の決定をしなければなりません（法399条の2第3項3号）。このように、監査等委員会には、取締役の報酬について、間接的ながらも影響力を行使することができます。

Ⅴ　監査対象が妥当性監査に及ぶか否か
1　監査役会設置会社
　監査役の監査対象は、原則として違法性監査に限られ、株主総会に提出しようとする議案等に著しく不当な事項がある場合の報告義務（法384条）、内部統制システムの決議の内容が相当でない場合の監査報告（施129条1項5号、

130条2項2号）という限定された問題についてのみ、妥当性監査が及ぶと解されています。監査役の監査対象が妥当性監査に及ばないのは、妥当性をめぐる意見の対立は、最終的には人事において決着をつけざるを得ませんが、業務執行担当者の選解任の権限は、取締役会設置会社においては取締役会にあり（法362条2項3号、363条1項）、監査役会にはないからです。もっとも、業務執行の不当性が一定の限度を超えると善管注意義務違反を構成し違法となるため、実際上の監査は不当性の有無についてもチェックする必要があります。

2　指名委員会等設置会社

　監査委員会の監査対象は、妥当性監査にも及びます。監査委員の全員が会社の業務執行の妥当性を監督する取締役会の構成員だからです。

3　監査等委員会設置会社

　監査等委員会の監査対象も、妥当性監査に及びます。その理由は、指名委員会等設置会社で述べた点と同様ですが、監査等委員会の場合、監査等委員である取締役以外の取締役の選解任および報酬について意見を決定する必要があり（法399条の2第3項3号）、その意見は妥当性の意見にならざるを得ませんから、妥当性監査に及ぶことは一層明らかです。

Ⅵ　監査の手法

1　監査役会設置会社

　常勤監査役が義務付けられていますが（法390条3項）、常勤監査役とは、他に常勤の仕事がなく、会社の営業時間中原則としてその会社の監査役の職務に専念する者と定義されます。それゆえ、監査役会設置会社における常勤監査役は、自らの手と足で監査を行うのであって、専属の監査役スタッフを持たないことも多くあります。常勤監査役は、自ら会計帳簿をめくり、自ら支店に赴いて監査する（いわゆる場所往査）ことを通常の業務としています。

2　指名委員会等設置会社

　監査委員会は、常勤監査委員が義務付けられておらず、内部統制システムを通じて監査を行うのであって、自らの手と足で監査をするわけではありません。内部統制システムが適切に構成・運用されているかを監視しながら、必要に応じて内部統制部門に対し具体的な指示を出して、内部統制部門に監査をさせることがその任務となります。もっとも、指名委員会等設置会社の多くは、常勤監査委員を任意に置いているといわれます。その理由としては、常勤で監査を行う者は多くの社内情報を共有できるため、常勤監査委員の存在は監査委員会

にとって有用であること等が挙げられています。

3　監査等委員会設置会社

　指名委員会等設置会社と同様、常勤監査委員は義務付けられておらず、内部統制システムを通じて監査を行うのであって、自らの手と足で監査をするわけではありません。内部統制システムが適切に構成・運用されているかを監視しながら、必要に応じて内部統制部門に対し具体的な指示を出して、内部統制部門に監査をさせることがその任務となります。しかし、監査役会設置会社から監査等委員会設置会社に移行する際、多くの場合は、監査役会を監査等委員会に置き換えるため、常勤監査役が常勤の監査等委員として残るケースが多くなると考えられます。

Ⅶ　内部統制システム

1　監査役会設置会社

　大会社でなければ内部統制システムの設置は義務付けられません（法362条4項6号・5項）。また、監査役がその職務を補助すべき使用人を置くことを求めた場合に限り、当該使用人に関する事項、当該使用人の取締役からの独立性に関する事項、当該使用人に対する指示の実効性の確保に関する事項を決定すれば足ります（施100条3項1号～3号）。

2　指名委員会等設置会社

　大会社でなくとも内部統制システムの設置は義務付けられます（法416条1項1号ホ）。これは、監査委員会が内部統制システムを通じて監査を行うため、内部統制システムが必須であるためです。また、当然に、監査委員会の職務を補助すべき取締役および使用人に関する事項、当該取締役および使用人の執行役からの独立性に関する事項、当該取締役および使用人に対する指示の実効性の確保に関する事項を決定しなければなりません（施112条1項1号～3号）。これは、監査委員会が常勤の監査委員を義務付けていないこともあり、補助使用人等が監査委員会の職務の執行のために必要であるからです（法416条1項1号ロ）。

3　監査等委員会設置会社

　指名委員会等設置会社と同様、大会社でなくとも内部統制システムの設置は義務付けられます（法399条の13第1項1号ハ）。また、これも指名委員会等設置会社と同様、当然に、監査等委員会の職務を補助すべき取締役および使用人に関する事項、当該取締役および使用人の他の取締役からの独立性に関する

10 第1編 総 論 第1章 ガバナンス体制の選択

事項、当該取締役および使用人に対する指示の実効性の確保に関する事項を決定しなければなりません（施110条の4第1項1号〜3号）。その理由は、いずれも、指名委員会等設置会社で述べたことと同じです。

VIII 独任制

1 監査役会設置会社

監査役は、独任制の機関であり、監査役会の決議等に拘束されることなく、各自が単独でその権限を行使できます（法390条2項柱書・3号）。これは、監査役が行う監査が、業務執行に関する妥当性を判断するものでなく、違法性を判断するものであるところ、違法か否かの判断は監査役の多数決で決着するべき問題ではないからです。したがって、①事業報告請求権・業務財産調査権（法381条2項）、②子会社調査権（同条3項）、③会社が取締役に対し、または、取締役が会社に対し訴えを提起する場合の代表権（法386条1項1号）、④取締役会招集請求権・取締役会招集権（法383条2項・3項）、⑤監査報告の作成義務（法381条1項）、⑥不正行為の報告義務（法382条）、⑦違法行為差止請求権（法385条1項）は、監査役一人ひとりの権限であり、義務です。そのため、他の監査役が反対しても、監査役は単独でこれらの権限を行使し、または、義務を履行することができます。

2 指名委員会等設置会社

監査委員は、監査役のように自分自身の行動で監査することは想定されておらず、内部統制部門に対して指示をする形で監査をするため、独任制をとっていません。監査委員会による組織監査を原則とします。そのため、①事業報告請求権・業務財産調査権（法405条1項）、②子会社調査権（同条2項）、③会社が執行役・取締役に対し、または、執行役・取締役が会社に対し訴えを提起する場合の代表権（法408条1項2号）は監査委員会が選定する監査委員が行使し、④取締役会招集権（法417条1項）は指名委員会等がその委員の中から選定する者が行使し、⑤監査報告の作成義務（法404条2項1号）は監査委員会が負うのみです。各監査委員が単独でこれらの権限を行使したり、義務を負うことはありません。もっとも、⑥不正行為の報告義務（法406条）、⑦違法行為差止請求権（法407条1項）は、緊急に履行・行使される必要があるため、例外的に各監査委員が単独で履行・行使できるとされています。

3 監査等委員会設置会社

監査等委員も、指名委員会等設置会社の監査委員と同様、独任制をとってお

らず、組織監査を原則とします。そのため、①事業報告請求権・業務財産調査権（法399条の3第1項）、②子会社調査権（同条2項）、③会社が取締役に対し、または、取締役が会社に対し訴えを提起する場合の代表権（法399条の7第1項2号）、④取締役会招集権（法399条の14）は監査等委員会が選定する監査等委員が行使し、⑤監査報告の作成義務（法399条の2第3項1号）は監査等委員会が負うのみです。各監査等委員が単独でこれらの権限を行使したり、義務を負うことはありません。もっとも、⑥不正行為の報告義務（法399条の4）、⑦違法行為差止請求権（法399条の6第1項）は、緊急に履行・行使される必要があるため、例外的に各監査等委員が単独で履行・行使できるとされています。

Ⅸ　選任

1　監査役会設置会社

　監査役の選任については、取締役とは別の選任議案によりなされます（施76条）。また、取締役は、監査役がある場合において、監査役の選任に関する議案を株主総会に提出するには、監査役会の同意を得なければなりません（法343条1項・3項）。これは、監査役会に監査役選任議案に対する拒否権を与えたものであり、監査役の地位を強化するものです。さらに、監査役会は、取締役に対して、監査役の選任を株主総会の目的とするよう請求することができ、あるいは、監査役の候補者を特定して、その選任議案を株主総会に付議するよう請求することもできます（法343条2項・3項）。これは、監査役会に、監査役の選任について、拒否権だけでなく、自ら積極的に提案する権利を付与したものです。加えて、監査役は、株主総会において、監査役の選任について意見を述べることができます（法345条4項・1項）。これは、監査役の選任議案に監査役の意向が反映しうるように、監査役に株主総会における意見陳述権を保障したものです。

2　指名委員会等設置会社

　取締役の選任については、指名委員会が選任議案の内容を決定する権限を有しています（法404条1項）。また、取締役3名以上で構成する各委員会の委員の過半数は社外取締役でなければならないことから（法400条1項・3項）、少なくとも社外取締役を2名以上選任しなければなりません。

3　監査等委員会設置会社

　監査等委員である取締役の選任は、それ以外の取締役と区別して行わなけれ

ばなりません（法329条2項）。また、取締役は、監査等委員である取締役が
ある場合において、監査等委員である取締役の選任に関する議案を株主総会に
提出するには、監査等委員会の同意を得なければなりません（法344条の2第
1項）。さらに、監査等委員会は、取締役に対し、監査等委員である取締役の
選任を株主総会の目的とすることまたは監査等委員である取締役の選任に関す
る議案を株主総会に提出することを請求することができます（同条2項）。加
えて、監査等委員である取締役は、その選任について意見陳述権を有します
（法342条の2第1項）。これらの規制は、監査等委員の独立性を、監査役会設
置会社の監査役と同様の権利を付与することで担保するものです。

X 解任

1 監査役会設置会社

監査役を解任するためには、株主総会の特別決議が必要です（法343条4項、
309条2項7号）。また、監査役の解任については、選任の場合と同様に、監
査役に意見陳述権があります（法345条4項・1項）。これらによって、監査役
の地位を取締役よりも強化することを図っています。

2 指名委員会等設置会社

監査委員である取締役は、他の取締役と同様、株主総会の普通決議によって
解任されます（法339条1項、341条）。このように、監査委員である取締役の
地位が強化される定めが置かれていないのは、監査委員である取締役の解任議
案は指名委員会が決定する権限を有しているため（法404条1項）、すでに監
査委員の独立性が確保されているからです。

3 監査等委員会設置会社

監査等委員である取締役を解任するためには、株主総会の特別決議が必要で
す（法344条の2第3項、309条2項7号）。また、監査等委員である取締役の
解任については、選任の場合と同様、監査等委員である取締役に意見陳述権が
あります（法342条の2第1項）。これらの規制は、監査役会設置会社の監査
役と同様に、監査等委員である取締役の地位を他の取締役よりも強化すること
を図っています。

XI 任期

1 監査役会設置会社

監査役の任期は4年です（法336条1項）。法定の任期を定款・選任決議に

よって短縮することはできません（法332条1項ただし書と同様の定めが、法336条1項にないことによります）。このように4年間の身分保証をすることによって、監査役の地位を強化して独立性の担保を図りました。

2 指名委員会等設置会社

取締役の任期は1年です（法332条1項・6項）。任期が1年とされたのは、平成14年商法改正により指名委員会等設置会社が導入された際に、指名委員会等設置会社は剰余金の配当等を当然に取締役会が定めることができるとされていたことから、定時株主総会ごとに取締役の選任を通じて株主の信任を受ける趣旨で取締役の任期が1年と定められたのが、現行法にも承継されたためです。それゆえ、本来、任期をわずか1年とすることに積極的な理由はありません。

3 監査等委員会設置会社

監査等委員である取締役の任期は2年であり、定款・総会決議によってその任期を短縮することはできません（法332条1項・3項・4項）。これは、監査等委員である取締役の地位強化を図ったものですが、監査役の任期よりも短くなっているのは、監査等委員は取締役として経営に関与するためです。

XII 利益相反取引に関する任務懈怠の推定

1 監査役会設置会社

取締役は、監査役会の承認があったとしても、利益相反取引によって会社に損害が生じたときは、任務懈怠が推定されます（法423条3項）。

2 指名委員会等設置会社

監査役会設置会社の場合と同様、取締役は、監査委員会の承認があったとしても、利益相反取引によって会社に損害が生じたときは、任務懈怠が推定されます（法423条3項）。

3 監査等委員会設置会社

取締役は、監査等委員会の承認があれば、利益相反取引によって会社に損害が生じたとしても、任務懈怠が推定されません（法423条4項）。この規定は、ガバナンスの理論から導かれるものではなく、専ら、社外取締役の導入を促すために、監査等委員会設置会社への移行を勧奨するための政策的規定です（II参照）。

以上述べた各体制の特徴・相違点を一覧表にまとめると次のとおりです。

14 第1編 総 論 第1章 ガバナンス体制の選択

	監査役会設置会社	指名委員会等設置会社	監査等委員会設置会社
取締役会の経営陣に対する監督機能	・取締役会による経営陣に対する監督の困難さあり ・監査役に議決権なし	・取締役会が経営陣を監督するモニタリング・モデルを採用 ・指名委員会と報酬委員会の権限が強い	・少なくとも社外取締役を2名以上選任することにより監督機能を強化 ・取締役の過半数を社外取締役にすることでモニタリング・モデルを実現することも可
重要な業務執行の決定の委任	不可	可	原則不可。例外として取締役の過半数を社外取締役とした場合、または、定款で定めた場合は可
取締役の選解任に対する影響力	監査役に影響力を行使する権限なし	指名委員会が直接かつ最終的な影響力を行使できる	監査等委員会は意見陳述権により間接的に影響力を行使できる
経営陣の報酬に対する影響力	監査役に影響力を行使する権限なし	報酬委員会が直接かつ最終的な影響力を行使できる	監督等委員会は意見陳述権により間接的に影響力を行使できる
監査対象が妥当性監査に及ぶか	原則として及ばない	及ぶ	及ぶ
監査の手法	常勤監査役が自ら監査する	内部統制システムを通じて監査を行う	内部統制システムを通じて監査を行う
内部統制システム	・大会社のみ設置を義務付け ・補助使用人の決定は監査役が求めた場合に限られる	・常に設置義務あり ・補助使用人の決定は当然に行われる	・常に設置義務あり ・補助使用人の決定は当然に行われる
独任制	独任制をとる	独任制をとっていないが、一部例外あり	独任制をとっていないが、一部例外あり

選任	・同意権あり ・選任議題・議案の 　提案権あり ・意見陳述権あり	指名委員会が選任議 案を決定	・同意権あり ・選任議題・議案の 　提案権あり ・意見陳述権あり
解任	・特別決議が必要 ・意見陳述権あり	普通決議で足りる	・特別決議が必要 ・意見陳述権あり
任期	4年（監査役）	1年（監査委員）	2年（監査等委員）
利益相反取引に関する任務懈怠の推定	あり	あり	なし

第2章 コーポレートガバナンス・コード

1 コーポレートガバナンス・コードとは何か

　コーポレートガバナンス・コードとは、平成 27 年 6 月から上場会社に適用されることとなったコーポレートガバナンスに関する諸原則です。

　その内容を一言でいうと、「実効的なコーポレートガバナンスの実現に資する主要な原則を取りまとめたもの」です（コーポレートガバナンス・コード 2 頁参照）。

2 コーポレートガバナンス・コードの策定・施行の経緯

　近年、日本の会社のコーポレートガバナンスの強化が政府の重点課題の 1 つとして挙げられていた中、平成 26 年 6 月に「『日本再興戦略』改訂 2014 」が策定され、その中に「東京証券取引所と金融庁を共同事務局とする有識者会議において、秋頃までを目途に基本的な考え方を取りまとめ、東京証券取引所が、来年〔平成 27 年〕の株主総会のシーズンに間に合うよう新たに『コーポレートガバナンス・コード』を策定することを支援する」との施策が盛り込まれました。

　これを受けて、平成 26 年 8 月、東京証券取引所と金融庁を共同事務局とする有識者会議が設置され、有識者会議において議論が重ねられ、平成 27 年 3 月 5 日、「コーポレートガバナンス・コード（原案）」が策定されました。

　有識者会議が策定したコードがあくまで「（原案）」とされたのは、上場会社に適用されるコードの制定権限はあくまで証券取引所が有しているからです。

　東京証券取引所をはじめとする国内の証券取引所は、有識者会議が策定した原案に基づいてコーポレートガバナンス・コードを制定し、平成 27 年 6 月 1 日からコーポレートガバナンス・コードの施行を開始しました。なお、制定されたコーポレートガバナンス・コードは、原案から「序文」と「背景説明」が

除かれたものの、各原則の内容そのものは原案の内容がそのまま採用されました。

3 コーポレートガバナンス・コードの位置付け

東京証券取引所をはじめとする国内の証券取引所に株式を上場している会社（以下「上場会社」といいます）は、それぞれの取引所が定めている上場規則を遵守する必要があります。

上場会社が上場規則を遵守する必要がある理由は、端的にいうと、証券取引所との間で、上場規則を遵守する旨の契約を締結しているからです。上場会社は、証券取引所の上場審査を受けて上場が承認され、その発行する株式を上場するにあたって、「取引所が現に制定している及び将来制定又は改正することのある上場規則を遵守する」旨が明記された上場契約書に調印しています。

以下、大多数の上場会社が上場している東京証券取引所を前提としますが、東京証券取引所は、有価証券上場規程（いわゆる上場規則）を定めており、その中で適時開示に関する定めや企業行動規範に関する定めを置いています。

適時開示に関する定めとしては、各種決定事実や発生事実の開示に関する定めや決算短信の開示に関する定め等があり、企業行動規範に関する定めとしては、独立役員の確保に関する定めや証券市場や少数株主に悪影響を及ぼすおそれのある企業行動に関する定め等があります。なお、企業行動規範は「遵守すべき事項」と「望まれる事項」に分類されており、前者については違反があった場合のペナルティ等も別途定められています。

そして、その企業行動規範の中の「遵守すべき事項」の1つとして、平成27年6月1日から以下の定めが施行されることになりました。

（コーポレートガバナンス・コードを実施するか、実施しない場合の理由の説明）
第436条の3　上場内国株券の発行者は、別添「コーポレートガバナンス・コード」の各原則を実施するか、実施しない場合にはその理由を第419条に規定する報告書において説明するものとする。この場合において、「実施するか、実施しない場合にはその理由を説明する」ことが必要となる各原則の範囲については、次の各号に掲げる上場会社の区分に従い、当該各号に定めるところによる。
(1)　本則市場の上場会社
　　基本原則・原則・補充原則
(2)　マザーズ及び JASDAQ の上場会社
　　基本原則

ここでいう「第419条に規定する報告書」とは、上場会社が提出を求められる、いわゆるコーポレートガバナンス報告書のことをいいます。そして、別添「コーポレートガバナンス・コード」とは、前述のコーポレートガバナンス・コード（原案）に基づいて東京証券取引所が制定したコードを指します。

つまり、有価証券上場規程436条の3が施行されたことにより、上場会社は、コーポレートガバナンス・コードの各原則を実施するか、または、実施しない場合にはコーポレートガバナンス報告書において実施しない理由を説明するか（いわゆるコンプライ・オア・エクスプレイン）のいずれかの対応を求められることとなったのです。

さらに、企業行動規範の中の「望まれる事項」の1つとして、同じく平成27年6月1日から以下の定めが施行されており、上場会社はコーポレートガバナンス・コードを尊重する努力義務を負うことになりました。

（コーポレートガバナンス・コードの尊重）
第445条の3　上場会社は、別添「コーポレートガバナンス・コード」の趣旨・精神を尊重してコーポレート・ガバナンスの充実に取り組むよう努めるものとする。

4　コーポレートガバナンス・コードの目的

コーポレートガバナンス・コードは日本の成長戦略の一環として策定されたものであり、会社の意思決定の透明性・公正性を担保しつつ、これを前提とした会社の迅速・果断な意思決定を促すことを通じて、いわば「攻めのガバナンス」の実現を目指すものです。そして、コーポレートガバナンス・コードは、会社におけるリスクの回避・抑制や不祥事の防止といった側面を過度に強調するのではなく、むしろ健全な企業家精神の発揮を促し、会社の持続的な成長と中長期的な企業価値の向上を図ることに主眼を置いています（コーポレートガバナンス・コード（原案）序文6・7項参照）。

コーポレートガバナンス・コードには「会社の持続的な成長と中長期的な企業価値の向上のために」という副題が付記されていますが、この副題は端的にコーポレートガバナンス・コードの目的を表現しているものといえます。すなわち、目的の比重は「守り」よりも「攻め」、「ブレーキ」よりも「アクセル」に置かれているわけです。

この点、資本主義社会においては、本来であれば、企業価値の向上のための「攻め」や「アクセル」は各社が自律的に実行していくものであり、その点に関する原則が政府主導で定められたことは我が国のコーポレートガバナンス・コードの特徴の1つといえるでしょう。

5 コーポレートガバナンス・コードの概要

コーポレートガバナンス・コードは、基本原則・原則・補充原則の三層構造で構成されており、定められている原則の数は、基本原則が5、原則が30、補充原則が38であり、合計すると73に及びます。

基本原則が最も抽象的な内容であり、原則、補充原則と掘り下げられるにしたがってより具体的な内容が定められています。

5つの基本原則はコーポレートガバナンス・コードの憲法とも言いうる根本原則であり、原則や補充原則は基本原則の趣旨に則って解釈される必要があります。

そして、5つの基本原則ごとに章立てがなされており、各章と各章の中の各原則についてはタイトルが示されています。その内容は以下のとおりです。

基本原則1　株主の権利・平等性の確保
原則1-1　株主の権利の確保
原則1-2　株主総会における権利行使
原則1-3　資本政策の基本的な方針
原則1-4　いわゆる政策保有株式
原則1-5　いわゆる買収防衛策
原則1-6　株主の利益を害する可能性のある資本政策
原則1-7　関連当事者間の取引

基本原則2　株主以外のステークホルダーとの適切な協働
原則2-1　中長期的な企業価値向上の基礎となる経営理念の策定
原則2-2　会社の行動準則の策定・実践
原則2-3　社会・環境問題をはじめとするサステナビリティーを巡る課題
原則2-4　女性の活躍促進を含む社内の多様性の確保
原則2-5　内部通報

20　第1編　総　論　第2章　コーポレートガバナンス・コード

基本原則3　適切な情報開示と透明性の確保
　原則3-1　情報開示の充実
　原則3-2　外部会計監査人

基本原則4　取締役会等の責務
　原則4-1　取締役会の役割・責務(1)
　原則4-2　取締役会の役割・責務(2)
　原則4-3　取締役会の役割・責務(3)
　原則4-4　監査役及び監査役会の役割・責務
　原則4-5　取締役・監査役等の受託者責任
　原則4-6　経営の監督と執行
　原則4-7　独立社外取締役の役割・責務
　原則4-8　独立社外取締役の有効な活用
　原則4-9　独立社外取締役の独立性判断基準及び資質
　原則4-10　任意の仕組みの活用
　原則4-11　取締役会・監査役会の実効性確保のための前提条件
　原則4-12　取締役会における審議の活性化
　原則4-13　情報入手と支援体制
　原則4-14　取締役・監査役のトレーニング

基本原則5　株主との対話
　原則5-1　株主との建設的な対話に関する方針
　原則5-2　経営戦略や経営計画の策定・公表

6　コーポレートガバナンス・コードの適用対象

　前述の有価証券上場規程436条の3の定めからも明らかなとおり、東証一部・二部（いわゆる本則市場）に上場している会社は、基本原則・原則・補充原則のすべてについてコンプライ・オア・エクスプレインが求められます。

　一方、いわゆる新興市場であるマザーズ・JASDAQに上場している会社は、基本原則についてのみコンプライ・オア・エクスプレインをすれば足りることとされています。

　これはコーポレートガバナンス・コード（原案）において、「本則市場以外の市場に上場する会社に対するコードの適用にあたっては会社の規模・特性等を踏まえた考慮が必要となる」旨言及されたことを受けたものです。

７　プリンシプルベース・アプローチ

　コーポレートガバナンス・コードの特徴として重要なことは、いわゆるプリンシプルベース・アプローチという手法が採用されていることです。

　プリンシプルベース・アプローチ（原則主義）の対義語は、ルールベース・アプローチ（細則主義）です。ルールベース・アプローチは、会社法をはじめとする各種法令で伝統的に採用されている手法であり、その適用対象である当事者がとるべき行動が詳細かつ具体的に定められています。

　これに対して、プリンシプルベース・アプローチでは抽象的な定め（プリンシプル）しか存在せず、その適用対象である当事者がとるべき行動は、抽象的な定めの趣旨・方向性を踏まえて各当事者が判断することになります。

　たとえば、株主総会の招集通知の発送時期について、会社法（ルールベース・アプローチ）においては株主総会の日の「２週間以上前」に発送しなければならない旨が定められていますが（法299条１項）、コーポレートガバナンス・コード（プリンシプルベース・アプローチ）においては「早期発送」に努めるべき旨が定められているにすぎません（補充原則1-2②）。コードの適用対象である上場会社としては、基本原則１において定められた「株主がその権利を適切に行使することができる環境の整備を行うべき」という趣旨を踏まえ、さらに当該補充原則自体に定められている「株主が総会議案の十分な検討期間を確保することができるよう」、その一方で「招集通知に記載する情報の正確性を担保」できるように、という観点から、自社において「早期発送」といえる時点はいつであるかを判断し、それに向けて努力することが求められています。

　この他にもコーポレートガバナンス・コードには多数の抽象的な定めがおかれています。株主総会において「相当数」の反対票が投じられた議案の分析等（補充原則1-1①）、株主総会開催日等の「適切な設定」（補充原則1-2③）、自社の株主における機関投資家や海外投資家の比率等も踏まえた招集通知の英訳（補充原則1-2④）等です。どの程度の反対票が投じられれば「相当数の反対票」に該当するのか、株主総会開催日をいつに設定すれば「適切な設定」といえるのか、自社の株主における機関投資家や海外投資家の比率がどの程度に達すれば招集通知の英訳を進めるべきなのか等について、各上場会社において判断することが求められることになります。

独立社外取締役の選任に関しては、「業種・規模・事業特性・機関設計・会社をとりまく環境等を総合的に勘案して、自主的な判断により、少なくとも3分の1以上の独立社外取締役を選任することが必要と考える上場会社」は、そのための取組み方針を開示すべきとされていますが（原則4-8）、3分の1以上の独立社外取締役を選任することが必要と考えるかどうかも、あくまで「自主的な判断」に委ねられています。

また、コーポレートガバナンス・コードでは、各種法令であれば定義規定が置かれるような用語についても、定義規定は設けられておらず、その意味するところもコードの適用対象である各上場会社が判断することになります。たとえば、「資本政策」（原則1-3）、「政策保有株式」（原則1-4）、「主要株主」（原則1-7）、「経営陣」（基本原則2）、「経営陣幹部」（原則3-1）等です。

8 コンプライ・オア・エクスプレイン

コーポレートガバナンス・コードの特徴としてもう1つ重要なことは、いわゆるコンプライ・オア・エクスプレインの手法が採用されていることです。

有価証券上場規程445条の3において、コーポレートガバナンス・コードを尊重する努力義務は定められているものの、同436条の3のとおり、各原則を実施すること（コンプライ）が必ずしも求められているわけではなく、実施せずにその理由を説明すること（エクスプレイン）でも足りることとされています。

ただし、各原則について実施も説明もしなければ、有価証券上場規程436条の3に違反するものとして東京証券取引所からペナルティ等が科される可能性があります。問題は、説明の内容次第では「十分な説明ではない」としてペナルティ等を科されるおそれがあるかどうかですが、説明の内容が虚偽であるような場合は別として、上場会社において検討、判断をした上で真摯な説明をしている限り、その説明の合理性に関する評価は株主、投資家の判断に委ねられ、東京証券取引所が独自にその説明の合理性を判断してペナルティを科すような事態にはならないと思われます。

ただ、前述のとおり、5つの基本原則はコーポレートガバナンス・コードの憲法とも言いうる根本原則であり、これをコンプライせずにエクスプレインすることは上場会社のあるべき姿を大きく逸脱することになると思われますので、5つの基本原則は当然にコンプライすべきものでしょう。

なお、一部の上場会社では、実施している原則についても、どのように実施しているかをコードに沿って説明している例があります。いわばコンプライ・「アンド」・エクスプレインとも言いうるものですが、このような姿勢は株主や投資家に自社のコーポレートガバナンスについて積極的に説明して理解を得ようとするものとして好意的に受け入れられるものと思われます。

⑨ コーポレートガバナンスの定義

コーポレートガバナンスという言葉の定義については、会社法や金融商品取引法等の法令において定まった定義があるわけではなく、従前より有識者においてさまざまな定義付けが試みられてきました。

この点について、コーポレートガバナンス・コードは、コーポレートガバナンスとは、「会社が、株主をはじめ顧客・従業員・地域社会等の立場を踏まえた上で、透明・公正かつ迅速・果断な意思決定を行うための仕組み」であると定義付けしています。

また、基本原則1の「考え方」においては、「上場会社には、株主を含む多様なステークホルダーが存在しており、こうしたステークホルダーとの適切な協働を欠いては、その持続的な成長を実現することは困難である。その際、資本提供者は重要な要であり、株主はコーポレートガバナンスの規律における主要な起点でもある」と示されており、コーポレートガバナンスを考えるにあたっての出発点が株主であることが明らかにされています。

株主、特に中長期的な企業価値の向上を期待する株主の視点を意識した経営を実現できれば、結果として収益力が向上し、顧客、従業員、債権者、地域社会等のステークホルダーの利益にもなることから、そのような経営が期待されていると考えられます。

そして、株主の視点を意識した経営を実現するための仕組みとして、コーポレートガバナンス・コードの基本原則5では株主との建設的な対話が求められています。株主との対話に際しては、平成26年に策定された日本版スチュワードシップ・コードについても理解を深めておくことが望ましいと思われます。日本版スチュワードシップ・コードは、機関投資家と投資先企業との健全な対話を通じて企業の持続的成長を促すことを目的として策定されたものです。

24 第1編 総 論 第2章 コーポレートガバナンス・コード

10 機関設計との関係

　コーポレートガバナンス・コードの適用対象である上場会社は、監査役会設置会社、指名委員会等設置会社、監査等委員会設置会社のいずれかの機関設計を採用している必要がありますが（有価証券上場規程 437 条参照）、コーポレートガバナンス・コードはいずれかの機関設計を勧めているでしょうか。

　この点、コーポレートガバナンス・コード（原案）の序文 14 項においては、「我が国の上場会社は、通常、監査役会設置会社、指名委員会等設置会社、監査等委員会設置会社のいずれかの機関設計を選択することとされている。本コード（原案）は、もとよりいずれかの機関設計を慫慂〔しょうよう〕するものではなく、いずれの機関設計を採用する会社にも当てはまる、コーポレートガバナンスにおける主要な原則を示すものである」と述べられています。「慫慂〔しょうよう〕する」とは平たくいうと「勧める」ということであり、コードはいずれかの機関設計を勧めるものではないことがこの時点で明らかにされているわけです。

　これを受けて、コーポレートガバナンス・コードの基本原則 4 の「考え方」として以下の内容が示されています。

　上場会社は、通常、会社法（平成 26 年改正後）が規定する機関設計のうち主要な 3 種類（監査役会設置会社、指名委員会等設置会社、監査等委員会設置会社）のいずれかを選択することとされている。

　前者（監査役会設置会社）は、取締役会と監査役・監査役会に統治機能を担わせる我が国独自の制度である。その制度では、監査役は、取締役・経営陣等の職務執行の監査を行うこととされており、法律に基づく調査権限が付与されている。また、独立性と高度な情報収集能力の双方を確保すべく、監査役（株主総会で選任）の半数以上は社外監査役とし、かつ常勤の監査役を置くこととされている。

　後者の 2 つは、取締役会に委員会を設置して一定の役割を担わせることにより監督機能の強化を目指すものであるという点において、諸外国にも類型が見られる制度である。

　上記の 3 種類の機関設計のいずれを採用する場合でも、重要なことは、創意工夫を施すことによりそれぞれの機関の機能を実質的かつ十分に発揮させることである。

　さらに、原則 4-10 においては、「上場会社は、会社法が定める会社の機関

設計のうち会社の特性に応じて最も適切な形態を採用するに当たり、必要に応じて任意の仕組みを活用することにより、統治機能の更なる充実を図るべきである」と定められています。機関設計については各社の判断で自社の機関設計を決定すべきであることを前提に、会社法上は定めのない任意の委員会の設置等の検討をすることが求められています。

より具体的には、補充原則4-10①で、「上場会社が監査役会設置会社または監査等委員会設置会社であって、独立社外取締役が取締役会の過半数に達していない場合には、経営陣幹部・取締役の指名・報酬などに係る取締役会の機能の独立性・客観性と説明責任を強化するため、例えば、取締役会の下に独立社外取締役を主要な構成員とする任意の諮問委員会を設置することなどにより、指名・報酬などの特に重要な事項に関する検討に当たり独立社外取締役の適切な関与・助言を得るべきである」と定められています。ここでは、監査役会設置会社または監査等委員会設置会社であって、独立社外取締役が取締役会の過半数に達していない場合は、指名委員会等設置会社である場合や独立社外取締役が取締役会の過半数に達している場合に比べて、役員の指名・報酬に係る取締役会の監督機能が不十分となりうることを念頭に置いた上で、独立社外取締役の活用による監督機能の強化を図るべきであることが示されています。

11 取締役会の責務

本書のテーマである取締役・取締役会の関係でいうと、コーポレートガバナンス・コードは、第4章のタイトルを「取締役会等の責務」とし、以下の基本原則を定めています。

【基本原則4】
　上場会社の取締役会は、株主に対する受託者責任・説明責任を踏まえ、会社の持続的成長と中長期的な企業価値の向上を促し、収益力・資本効率等の改善を図るべく、
　(1) 企業戦略等の大きな方向性を示すこと
　(2) 経営陣幹部による適切なリスクテイクを支える環境整備を行うこと
　(3) 独立した客観的な立場から、経営陣(執行役及びいわゆる執行役員を含む)・取締役に対する実効性の高い監督を行うこと
をはじめとする役割・責務を適切に果たすべきである。
　こうした役割・責務は、監査役会設置会社(その役割・責務の一部は監査役及

び監査役会が担うこととなる）、指名委員会等設置会社、監査等委員会設置会社など、いずれの機関設計を採用する場合にも、等しく適切に果たされるべきである。

　そして、第4章には、この基本原則に続く形で、14の原則と19の補充原則が定められています。コーポレートガバナンス・コードは全部で73の原則から構成されているところ、結局、コードの半分近くが「取締役会等の責務」に関する原則で占められていることになります。コーポレートガバナンスにおいて取締役会が中心的な役割を果たすべきことが、原則の数からみても明らかにされているといえます。

　また、役員の指名・報酬決定の仕組みがコーポレートガバナンスの重要な要素であるとの観点から、コーポレートガバナンス・コードは、役員の指名・報酬決定の仕組みに言及する原則を複数設けています。

　たとえば、73の原則の中でも最も重要な原則の1つであるといわれている原則3-1においては以下のとおり定められています。

【原則3-1．情報開示の充実】
　上場会社は、法令に基づく開示を適切に行うことに加え、会社の意思決定の透明性・公正性を確保し、実効的なコーポレートガバナンスを実現するとの観点から、（本コードの各原則において開示を求めている事項のほか、）以下の事項について開示し、主体的な情報発信を行うべきである。
　(i)　会社の目指すところ（経営理念等）や経営戦略、経営計画
　(ii)　本コードのそれぞれの原則を踏まえた、コーポレートガバナンスに関する基本的な考え方と基本方針
　(iii)　取締役会が経営陣幹部・取締役の報酬を決定するに当たっての方針と手続
　(iv)　取締役会が経営陣幹部の選任と取締役・監査役候補の指名を行うに当たっての方針と手続
　(v)　取締役会が上記(iv)を踏まえて経営陣幹部の選任と取締役・監査役候補の指名を行う際の、個々の選任・指名についての説明

　この原則においては、役員の指名・報酬決定の仕組みを開示するよう求められています（(iii)、(iv)、(v)）。

　従来から日本の上場会社においては、役員の指名権は社長・会長等の経営トップの専権事項とされている例が多く、また、役員報酬についても、株主総会決議で決議された上限金額の範囲内での具体的な配分については取締役会で経営トップに一任されている例が多かったので、この原則は、このような日本

の多くの上場会社の慣行に一石を投じることとなりました。

　もちろん、この原則の下でも、経営トップが役員の指名や役員の報酬決定に関与することが否定されるわけではありませんが、すべてを経営トップの一存で決定するという仕組みを開示することには躊躇を覚える会社も多かったものと考えられます。

　やはり人事権や報酬決定権は、組織における権力の源泉であり、その権力が過度に集中してしまうと、時として権力の暴走を招くおそれがあります。そのような権力が独立社外取締役等に相当程度分散され、経営トップに対する監督が十分に機能する仕組みがコーポレートガバナンスの観点からは望ましいと思われます。

　すなわち、この点はコーポレートガバナンス・コードが軸足を置いている「攻めのガバナンス」の観点のみならず、「守りのガバナンス」の観点も重要となります。近年も、コーポレートガバナンスの機能不全に起因する不祥事が次々に顕在化しており、「守りのガバナンス」を疎かにすることは許されないといえるでしょう。

12　役員報酬

　さらに、コーポレートガバナンス・コードは、「攻めのガバナンス」の観点から、経営陣の報酬のインセンティブ付けを行うべきであるとの方向性を明らかにしています。

　具体的には、原則4-2の後段において、「経営陣の報酬については、中長期的な会社の業績や潜在的リスクを反映させ、健全な企業家精神の発揮に資するようなインセンティブ付けを行うべきである」旨定め、さらに補充原則4-2①において、「経営陣の報酬は、持続的な成長に向けた健全なインセンティブの1つとして機能するよう、中長期的な業績と連動する報酬の割合や、現金報酬と自社株報酬との割合を適切に設定すべきである」旨定めています。

　かかる定めを受けて、経営陣の報酬について自社に合ったインセンティブ付けを検討し、実施する会社が増えています。

13　コーポレートガバナンス・コードの効果

　コーポレートガバナンス・コードはコンプライ・オア・エクスプレインの手

法を採用しており、各原則は必ずしもコンプライしなければならないものではありません。

ただ、実効的なコーポレートガバナンスの実現に資するモデルが示され、また、それを尊重する努力義務も課されたことにより、上場会社各社ができるだけコンプライすべく体制整備を進めたことも事実であると思われます。

これまで独立社外取締役を選任していなかった会社が独立社外取締役を選任するようになり、また、複数名の独立社外取締役を選任する会社も増えました。役員の指名や報酬決定の手続の透明化も進んでいると思われ、役員報酬に業績連動報酬や自社株報酬の部分を組み込む会社も増えました。

我が国のコーポレートガバナンス・コードはまだスタートを切ったところであり、この効果を現時点で測定することは早計であると思われますが、各社がコーポレートガバナンス・コードを踏まえて自社における最も適切な体制・仕組みを構築することによって、意思決定の質とスピード感を向上させ、中長期的な企業価値の向上を実現していくことが望まれます。

第2編

Q & A

第1章　取締役

① 選任・終任、資格・欠格事由、任期

Q1　取締役と監査役の違い

監査役設置会社において、取締役と監査役ではどのような点が異なりますか。

監査役設置会社では、取締役会が業務執行の意思決定を行う（法362条2項1号）とともに、代表取締役を選定または解職し（同項3号）、取締役の職務執行を監督します（同項2号）。取締役の職責の一義的な意義は、取締役会の構成員として審議に参加し、議決権を行使することにあります。また、代表取締役は株式会社の業務執行について包括的な権限を有しており（法349条4項）、業務執行取締役は、取締役会から授権された範囲で業務を執行します（法363条1項2号）。

これに対して、監査役は、取締役会に出席する義務を負っているものの（法383条1項）、議決権は有しておらず、また業務執行にも関与せず、取締役の職務執行を適法性の観点から監査するのがその職責となります。監査役は、この職責を果たす観点から、取締役または使用人に対して事業の報告を求めたり、株式会社の業務・財産状況を調査する権限を有しています（法381条2項）。

上記の職務の性質に照らし、取締役と監査役を兼任することはできません（法335条2項）。

取締役と監査役の相違点の概要は以下のとおりです。

取締役と監査役の相違点

	取締役	監査役
役割	・取締役会の構成員として、①株式会社の業務執行の意思決定、②代表取締役の選定および解職、ならびに③取締役の職務執行の監督を担う ・代表取締役または業務執行取締役は、株式会社の業務を執行する	・取締役（および使用人）の職務執行の監査
権限	・取締役会の招集権　等	・取締役会の招集権 ・各種調査権　等
義務	・善管注意義務 ・忠実義務	・善管注意義務
使用人との兼務	・可能	・禁止
規制	・競業取引 ・利益相反取引 ・特別利害関係人　等	・取締役に対する規制と同様の規制はない
取締役会での地位	・決議に際して議決権を有する	・決議に際して議決権は有しない
任期	・2年[1] ・短縮可能[2]	・4年 ・短縮不可能
解任要件	・普通決議	・特別決議

[1] 正確には、選任後2年以内に終了する事業年度のうち最終のものに関する定時株主総会の終結の時。なお、非公開会社では、任期を10年に伸長することが可能です。

[2] 上場会社の場合、任期を1年に短縮する例も相当数見られます。

Q2　取締役の選任要件

　取締役として選任されるためには、どのような要件を満たす必要がありますか。

1　決議要件

　取締役は株主総会において以下の決議要件を満たすことにより選任されます（法329条、309条1項、341条）。

32 第2編 Q&A 第1章 取締役

決議要件（法309条1項、341条）＊1＊2

	事由
定足数	議決権を行使することができる株主の議決権の過半数（1/3以上の割合を定款で定めた場合はその割合以上＊3）を有する株主の出席
可決要件	出席株主の議決権の過半数による承認

＊1　指名委員会等設置会社および公開会社以外の株式会社が取締役の選任権付種類株式を発行している場合は、当該種類株主総会において、所定の員数の取締役が選任されます（法108条1項9号）。

＊2　会社法上、株主総会における議決権行使に際しては、累積投票制度（法342条）も設けられていますが、実務上は、定款に同制度の適用を排除する旨の規定を置くのが通常です。

＊3　上場会社では定款で1/3以上と定めているのが通常です。

2　資格・欠格事由

　取締役は、株主総会で選任される前提として、以下の法定欠格事由（法331条1項）に該当しないことが必要です。

法定欠格事由（法331条1項）

号	事由
1号	法人
2号	①　成年被後見人 ②　被保佐人 ③　外国の法令上①②と同様に取り扱われている者
3号	以下の法令違反により刑に処せられ、①刑の執行を終わり、または②刑の執行を受けることがなくなった（執行猶予期間の満了等）日から2年を経過しない者 　ア　会社法 　イ　一般社団法人および一般財団法人に関する法律 　ウ　金融商品取引法の所定の規定 　エ　破産法、民事再生法、会社更生法または外国倒産処理手続の承認援助に関する法律の所定の規定
4号	3号に規定する法律の規定以外の法令の規定に違反し、禁錮以上の刑に処せられ、①刑の執行を終わるまでまたは②刑の執行を受けることがなくなるまでの者（刑の執行猶予中の者を除く）

＊　平成17年の会社法制定前は、破産手続開始決定を受け、復権していない（免責許可決

定を受けていない）ことも欠格事由とされていましたが、その合理性について批判があったため、現行法では当該規律は廃止されています。

　なお、会社法上、取締役の選任資格として日本国籍を有している必要はなく、外国人も取締役に就任することができます（ただし、定款で取締役を日本人に限る旨の規定を置くことは可能と考えられています）。

　また、未成年者も法定代理人の同意を得て取締役に就任することが可能です。この場合、取締役就任の同意をもって民法6条1項の営業許可があったと考え、取締役の行為について、都度、法定代理人の同意を得ることは不要と解されています。

3　兼任規制

　兼任規制に抵触する場合は、取締役に就任することはできません。監査役会設置会社・指名委員会等設置会社・監査等委員会設置会社における取締役の兼任規制の概要は以下のとおりです。

兼任規制

	監査役会設置会社	指名委員会等設置会社	監査等委員会設置会社
兼任禁止	監査役（法335条2項）	①　使用人（法331条4項） ②　監査委員の場合；当該会社または子会社の執行役・業務執行取締役・使用人（執行役員を含む）等（法400条4項）	監査等委員である取締役の場合；当該会社または子会社の業務執行取締役・使用人等（法331条3項）
兼任可能	使用人（執行役員を含む）	執行役（監査委員以外）（法402条6項）	監査等委員である取締役以外の場合；使用人（執行役員を含む）

　会社法上、他の会社の役員と兼務することは差支えありませんが、事業報告や株主総会参考書類において、重要な兼職状況等を開示することが必要です（施74条2項2号、121条8号等）。

　また、コーポレートガバナンス・コード原則4-11②は、取締役が他の上場会社の役員を兼任する場合は、その数は合理的な範囲にとどめるべきであり、

上場会社はその兼任状況を毎年開示すべきである、としています。

4 社外取締役

取締役の中でも社外取締役については、社外性の要件（法2条15号）を満たすことが必要ですが、この点は**Q68**を参照下さい。

5 定款による資格制限

非公開会社であって、定款に「取締役は株主でなければならない」旨の規定を置いている場合（法331条2項）は、株主でなければ取締役に選任することはできません。なお、公開会社においては定款に上記規定を置くことは禁止されています（同項）が、定款により取締役の資格制限を設けること自体がまったく許容されない訳ではありません。もっとも、取締役に広く適材を求めるという理念に違反するような資格制限は無効と解するのが通説ですし、実務上も、上場会社において資格制限を設ける例はほとんど見られないようです。

なお、上場会社において、コーポレートガバナンス・コード原則3-1（iv）の実施として、取締役会が取締役候補の指名を行うにあたっての方針を定めている場合は、取締役会は、当該方針に合致した者を取締役候補として指名する必要があります。

Q3 取締役の員数

取締役の員数について、監査役会設置会社・指名委員会等設置会社・監査等委員会設置会社において、それぞれどのように定められていますか。

1 取締役会設置会社としての最低員数

監査役会設置会社・指名委員会等設置会社・監査等委員会設置会社のいずれも取締役会設置会社であることが前提となりますが、取締役会設置会社では、取締役は3人以上選任することが必要です（法331条5項）。

2 監査等委員会設置会社

監査等委員会設置会社においては、監査等委員会は3人以上の非業務執行取締役（その過半数は社外取締役）から構成する必要があります（法331条3項・6項）。また、監査等委員会設置会社においても、通常は代表取締役等、業務執行取締役を選定するため、取締役は、最低限、3人の非業務執行取締役と1人の業務執行取締役（代表取締役）の合計4名の選任が必要となります。

3 指名委員会等設置会社、監査役会設置会社

指名委員会等設置会社においても、指名・報酬・監査の各委員は3人以上

の取締役（その過半数は社外取締役）から構成する必要があります（法400条1項・2項・3項）が、同制度では業務執行は執行役が担うことが前提であり、取締役が業務を執行することは禁止されている（法415条）ことから、各委員会をすべて同じ構成員とすることにより、取締役は最低限3人（2名は社外取締役）と設計することも可能です。

監査役会設置会社においても、取締役は最低限3人で足ります。

4　上場会社の取締役の平均人数

東京証券取引所（東証）の「東証上場会社　コーポレート・ガバナンス白書2015」によれば、2014年の東証上場会社全社の1社あたりの取締役の人数は平均7.50名です。

Q4　任用契約書の締結の要否

株主総会で選任され、その就任を承諾した取締役との間で任用契約書を締結する必要はありますか。

1　任用契約の性質

取締役は株主総会で選任されると、その就任を承諾し、会社と任用契約（委任契約）を締結することになります。会社と役員の関係は委任です（法330条）。なお、取締役の選任登記をする際には、役員就任承諾書等、「就任を承諾したことを証する書面」を添付することが必要とされています（商登54条1項）。取締役の選任登記手続の詳細については、**Q72**をご参照ください。

2　任用契約書の締結

民法上、委任は諾成契約であり、役員と会社間の任用契約の締結に際して、任用契約書を締結する必要はありません。

会社と役員の間で任用契約書が締結される場面としては、会社が投資または買収の対象になり、取締役（主として代表取締役）と大株主の意向を受けた会社の間で、任用条件等（報酬、任期、業績目標等）を明確にしておく必要性が高い場合等が挙げられます。

任用契約書が締結されず、会社と役員の間で任用条件等について個別に明確な取り決めがなされていない場合は、会社が取締役の地位について定めた規程（役員報酬規程等）や取締役会決議等を任用契約の内容とする黙示の合意が成立していると解釈する余地があります。

36　第2編　Q&A　第1章　取締役

Q5　取締役の終任

取締役が終任となるのはどのような場合ですか。

取締役が終任となるのは、以下の場合です。

終任事由

	事由
1	任期が満了したとき（法 332 条 1 項・2 項）
2	辞任したとき
3	解任されたとき（法 339 条 1 項）
4	以下の事由に係る定款変更を行ったとき（任期が満了することになる）（法 332 条 7 項） 　① 　監査等委員会設置会社または指名委員会等設置会社への移行 　② 　監査等委員会設置会社または指名委員会等設置会社の廃止 　③ 　株式譲渡制限の廃止
5	法定欠格事由（法 331 条 1 項）に該当することになったとき
6	取締役について、委任の終了原因事由（以下のとおり）に該当することになったとき（法 330 条、民法 653 条） 　① 　死亡したこと 　② 　破産手続開始の決定を受けたこと[1] 　③ 　後見開始の審判を受けたこと
7	株式会社が解散したとき（法 477 条 1 項、478 条 1 項参照）[2]

＊1　破産手続開始決定は取締役の終任事由とされていますが、欠格事由ではないため、取締役が破産手続開始決定を受けた場合において当該取締役を引き続き任用することを希望するときは、直ちに臨時株主総会を開催してあらためて取締役に選任することが考えられます。

＊2　判例上、株式会社が破産手続開始決定を受けて解散（法 471 条 5 号）することになっても、取締役は当然には終任にならないと解されています。

Q6　取締役の辞任の制約

取締役を辞任する場合に何か制約はありますか。

1 選任・終任、資格・欠格事由、任期 Q6 37

1 辞任に対する制約の効力

取締役は、いつでも辞任することができるのが原則です（法330条、民法651条1項）。

社内規程や任用契約において、取締役の辞任について制約（例；一定時期までは辞任できない等）を設けた場合、当該制約が有効か否かは争いがあります。すなわち、取締役が会社に対して重い責任を負わされ、一定の行為をなすことを制約されていること等に照らし、いつでも取締役を辞任することができる自由に反する特約は効力を有しないとする見解が存する一方、債権契約としては有効（辞任の効力を阻止することはできないが、特約違反により当該取締役に対して損害賠償請求等をすることができる）とする見解も存します。同様の見解として、辞任自体は制約しないが、辞任したことについて合理的な違約金を定めることは有効とする見解があります。

2 権利義務取締役

取締役の辞任により、取締役の員数を欠く状態になった場合は、辞任した取締役は、新たに選任される取締役が就任するまで、なお取締役としての権利義務を有することになります（法346条1項）。判例によれば、この場合、新たに取締役が選任されるまでの間、当該取締役は退任登記をすることもできません。なお、登記実務上は、取締役の権利義務を有する者の退任日は実際の退任日とされています。

新たな取締役を直ちに選任できない事情がある場合等には、利害関係人の申立てにより、裁判所に一時取締役を選任してもらうことが考えられます（法346条2項）。利害関係人の範囲としては、株主、他の役員、使用人、債権者等がこれに該当します。

3 撤回の可否

取締役の辞任は、会社に対して意思表示をすることにより効力が発生すると解されることから、会社に辞任の意思表示が到達した後は、一方的に辞任を撤回することはできないと解されます。

4 会社に不利な時期の辞任

取締役が会社に不利な時期に辞任したときは、会社は、当該取締役に対して損害賠償請求をすることができますが、やむを得ない事由があったときは、この限りではありません（法330条、民法651条2項）。

38　第2編　Q&A　第1章　取締役

Q7　取締役の解任

取締役を解任できるのはどのような場合ですか。

1　解任理由の要否

　会社は、株主総会において普通決議による承認を経ることで、いつでも取締役を解任することができます（法339条1項、309条1項、341条）。もっとも、監査等委員である取締役については、職務の独立性を確保する観点から、監査役と同様に、決議要件は特別決議とされています（法309条2項7号）。なお、平成17年の会社法制定前は、取締役の解任の決議要件は特別決議とされていました。

　取締役の解任決議要件については、定款に定めることにより、これを加重することも可能です。

2　解任の手続

　取締役を解任するための株主総会を招集するに際して、株主総会参考書類を作成する場合は、解任議案に関して、①解任される取締役の氏名、②解任の理由、③株式会社が監査等委員会設置会社である場合において監査等委員会の意見があるときは、その意見の内容の概要を記載することが必要です（施78条）。

3　解任の効力の発生時期

　代表取締役の解任（解職）は、取締役会の決議によって当然に代表権が消滅し、当該代表取締役に対する告知を待って初めて効力が発生するものではない旨判示する判例があります。取締役の解任についても、これと同様に、株主総会の決議によって効力が発生し、当該取締役に対する告知は効力発生要件ではないとする見解が有力です。

4　不解任合意の効力

　株式会社と取締役の間の任用契約において、株式会社が取締役を解任しない旨の定めを設けたとしても、取締役の解任権限は株主総会に専属することから、株主総会は、当該定めにかかわらず、取締役を解任することができると解されます。

　合弁契約（株主間契約）において、各株主が、他の株主出身の取締役を解任しない旨の合意をしたような場合であっても、株主総会の法定権限をこのような合意により物権的に拘束することはできず、合意違反による損害賠償等の問題（債権的効力）が生じるにすぎないと考えるのが通説です。

5 解任の訴え

　取締役の職務の執行に関し不正の行為または法令もしくは定款に違反する重大な事実があったにもかかわらず、当該取締役を解任する旨の議案が株主総会において否決されたときは、総株主の議決権の3%以上の議決権または発行済株式の3%以上の数の株式を6か月前から引き続き有する株主は、当該株主総会の日から30日以内に、訴えをもって当該取締役の解任を請求することができます（法854条1項）。

Q8　取締役解任の正当理由

　取締役を解任する場合の正当な理由とはどのように考えられていますか。

1　解任された取締役の損害賠償請求権

　解任された取締役は、その解任について正当な理由がある場合を除き、株式会社に対し、解任によって生じた損害の賠償を請求することができます（法339条2項）。なお、解任について株式会社に故意・過失があることは、損害賠償請求の要件とはされていません。

2　「正当な理由」の意義

　取締役の解任を資本多数決原理（過半数の賛成）により比較的緩やかに認める一方で、解任された取締役に会社に対する損害賠償請求権を認め、相当な経済的補償を行うという制度趣旨に照らし、「正当な理由」は狭く解釈される傾向にあります。

　「正当な理由」が認められる例としては、以下のような場面が挙げられます。
①　不正行為や法令定款違反行為がある場合
②　心身の故障等により職務執行に支障をきたす状態になった場合
③　職務執行への著しい不適任や、能力の著しい欠如が認められる場合
④　当該取締役が担当する事業部門が業績不振等により廃止されることになった場合

　他方、経営支配権をめぐる争い、代表者との意見の対立または他に適任者がいること等は、「正当な理由」には該当しないと解されています。

　取締役による経営判断の失敗が「正当な理由」に該当するかは見解が分かれており、肯定説・否定説のいずれもが有力です。

　経営判断の失敗が「正当な理由」に該当しないと解する見解は、経営判断の失敗によって任期中に解任された場合に、取締役に損害賠償請求権が認められ

ないとすれば、取締役は、残任期間中に得られると期待していた報酬等を失うことをおそれ、果断な経営判断をしなくなるという不都合が生じる点を論拠として挙げています。

これに対して、経営判断の失敗が「正当な理由」に該当すると解する見解は、取締役は、会社に損害を発生させた場合でも経営判断の原則の適用により、会社に対して損害賠償責任を負わない場合が多く、その上、取締役から会社に対して損害賠償請求権まで認めるのは相当でない点を論拠として挙げています。

なお、「正当な理由」の立証責任は、株式会社側が負うと考えるのが通説です。

3 損害の範囲

解任された取締役が賠償請求できる損害の範囲としては、取締役を解任されなければ得られたであろう残任期間中および任期満了時の利益と解するのが通説です。

具体的には在任期間中の役員報酬および賞与、任期満了時に得られたであろう退職慰労金等が挙げられます。他方、慰謝料や弁護士費用の請求は認められないと考えられています。

Q9 取締役の任期

取締役の任期は、監査役会設置会社・指名委員会等設置会社・監査等委員会設置会社において、それぞれどのように定められていますか。

---

1 各体制における任期

監査役会設置会社・指名委員会等設置会社・監査等委員会設置会社における取締役の任期は以下のとおりです。

各機関における任期

監査役会設置会社	指名委員会等設置会社	監査等委員会設置会社
選任後2年以内に終了する事業年度のうち最終のものに関する定時株主総会の終結時（法332条1項）	選任後1年以内に終了する事業年度のうち最終のものに関する定時株主総会の終結時（法332条6項）	① 監査等委員以外の取締役；選任後1年以内に終了する事業年度のうち最終のものに関する定時株主総会の終結時（法332条3項） ② 監査等委員である取締役；選任後2年以内に終了する事業年度のうち最終のものに関する定時株主総会の終結時（法332条1項）。定款により期間を短縮できない（同条4項）。

2　任期の起算点

　取締役の任期の起算点は、原則として株主総会による選任決議時ですが、選任決議において、特に選任の効力発生時点を就任時と定めることも可能と解されています。実務上は、選任決議と同日付で就任承諾書を取得する等し、選任日と就任日を同日とするのが通常です。

3　任期の短縮

　監査等委員会設置会社における監査等委員である取締役以外の取締役は、定款により任期を短縮することが可能ですが、実務上は、任期を1年未満にする例はほとんど見られません。

　指名委員会等設置会社における取締役および監査等委員会設置会社における監査等委員でない取締役の任期は会社法上1年とされていますが、監査役会設置会社においても、取締役の任期を任意に1年とする場合がよく見られ、「東証上場会社　コーポレート・ガバナンス白書2015」によれば、2014年では東証上場会社全社の内、取締役の任期を1年としているのは56.9％です。これは、任期を1年にすることにより、取締役に経営の緊張感を持たせることのほか、取締役会に剰余金配当の決定権限を持たせることを可能にする点にあると考えられます。

　すなわち、①取締役の任期を1年とすること、②会計監査人を設置すること、③監査報告の内容として会計監査人の監査の方法または結果を相当でないと認める意見がないこと等の要件を満たせば、取締役会が剰余金の配当等について決定することができる旨の定款の定めを置くことが可能となります（法459条1項・2項、計155条）。

4　任期管理上の留意点

　事業年度末の直前に臨時株主総会で取締役に選任された場合等は、取締役の任期がかなり短くなる場合がある点に留意が必要です。たとえば、取締役の任期が1年であり、かつ3月31日が事業年度の末日である会社において、3月30日開催の臨時株主総会により取締役に選任された場合は、任期はその年の定時株主総会（通常は6月開催）の終結時までとなり、就任期間は3か月程度となります。

5　任期の伸長

　非公開会社では、定款によって、取締役の任期を選任後10年以内に終了する事業年度のうち最終のものに関する定時株主総会の終結の時まで伸長することができます（法332条2項）。他方、公開会社では、取締役の法定任期を伸

42 第2編 Q&A 第1章 取締役

長させることはできません。

Q10 取締役の任期の統一

監査役設置会社において、取締役の任期（選退任時期）を揃えるためにはどうすればよいでしょうか。

定款により取締役の任期を1年と定めれば、各取締役の選任時期にかかわらず、取締役の選退任時期は毎年の定時株主総会の時期で揃うことになります。補欠の取締役を選任する場合においても、選任決議が効力を有する期間は、定款に別段の定めがない限り、当該決議後最初に開催する定時株主総会の開始の時までです（施96条3項）ので、やはり他の取締役と退任時期が揃うことになります。

他方、取締役の任期が2年の場合には、取締役または補欠取締役の選任時期によっては取締役の選退任時期にもずれが生じうることになります。各取締役の任期にずれがある場合は、任期を1年残している取締役が、任期が満了する取締役と併せて辞任することも考えられますが、このような行為を要せず、取締役の選退任時期を同じタイミングで到来させるためには、定款で「増員又は補欠として選任された取締役の任期は、他の現任取締役の任期の満了する時までとする。」といった規定（法332条1項ただし書参照）を置くことが考えられます。

Q11 社外取締役の欠員

社外取締役に欠員が生じた場合に備えて、どのような対応をすべきですか。

1 補欠社外取締役の選任

指名委員会等設置会社や監査等委員会設置会社において、社外取締役に欠員が生じた場合には、各委員会においても欠員が生じ、その活動に支障をきたすことになりかねません。監査役会設置会社においても、特定監査役会設置会社（施74条の2第2項）では、事業年度末日において社外取締役の欠員が生じている場合は、定時株主総会において「社外取締役を置くことが相当でない理由」の説明等が必要になります（**Q71**参照）。

そこで、社外取締役に欠員が生じた場合に備え、株主総会において、補欠の社外取締役の選任決議を経ておくことが考えられます（法329条3項）。

選任決議においては、以下の内容について決定することが必要です。

① 補欠社外取締役として選任する旨（施96条2項2号）

② 特定の社外取締役の補欠役員として選任するときは、その旨および特定の社外取締役の氏名（施96条2項4号）

③ 同一の社外取締役につき2人以上の補欠社外取締役を選任するときは、補欠社外取締役相互間の優先順位（施96条2項5号）

④ 補欠社外取締役について、就任前にその選任の取消しを行う場合があるときは、その旨および取消しを行うための手続（施96条2項6号）

上記④については、たとえば、補欠社外取締役が社外性を失った場合には取締役会決議により選任決議を取り消すことができる旨を定めておくことが考えられます。

補欠社外取締役が取締役に就任するまでの間、補欠社外取締役としての報酬を支給する例もありますが、報酬を支給しない場合が多いようです。

2 補欠社外取締役に事故あるとき

実務上、補欠社外取締役にも事故ある場合に備えて、補欠社外取締役を複数人選任しておくことは一般的とはいえません。このため、たとえば、社外取締役も補欠社外取締役も死亡したような例外的な場合においては、後任の社外取締役の選任を検討せざるを得ません。後任の社外取締役を選任するためには臨時株主総会を開催することになりますが、利害関係人の申立てにより、裁判所に一時取締役を選任してもらう（法346条2項）ことも考えられます。実務対応としては、欠員が生じた時期に応じて、以下の対応をするのが目安といわれています。

欠員が生じた場合の実務対応

時期（定時株主総会まで）	対応
3か月以内	定時株主総会で選任
3か月～6か月以内	一時取締役を選任
6か月以上	臨時株主総会で選任

Q12 補欠取締役の選任決議の有効期間

補欠取締役を選任した場合、選任決議はいつまで有効ですか。

補欠取締役の選任決議が効力を有する期間は、定款に別段の定めがある場合を除き、当該決議後最初に開催する定時株主総会の開始の時までです（施96条3項）。定款の定めとしては、選任決議の有効期間を伸長することが想定されており、たとえば、補欠取締役の任期を、退任した取締役の任期満了までとすること等が考えられます。

また、株主総会の決議によって有効期間を短縮することも可能です（施96条3項）。

なお、補欠取締役が取締役に就任した場合の任期は、就任時ではなく予選時が起算点となります。よって、たとえば、事業年度の末日が3月31日、取締役の任期が1年である株式会社において、2016年6月の定時株主総会で補欠取締役に選任された者が2017年5月に取締役に就任した場合は、任期は2017年6月開催の定時株主総会の終結時までの約1か月間となります。

② 業務執行

Q13 業務執行と職務執行

取締役の「業務の執行」と「職務の執行」はどのように区別されますか。

1 業務執行と職務執行の違い

「業務の執行」（業務執行）とは、会社経営に必要な一切の事務処理の実行を意味します。業務執行には対内的な側面と対外的な側面があります。また、業務執行は、法律行為、準法律行為および事実行為のいずれも含みます。

これに対して、取締役の「職務の執行」（職務執行）は、業務執行の意思決定および監督等、経営の実行に関わらない職務の遂行を意味します。

たとえば、社外取締役は、取締役の「職務の執行」は行いますが、「業務の執行」を行うことはできません（法2条15号）。

2 業務執行の意義

会社法上、「業務の執行」の概念は、各ルールの適用の可否に際して重要な判断基準となっています。たとえば、会社と責任限定契約を締結することができるのは非業務執行取締役に限られます（法427条1項）ので、責任限定契約を締結していた取締役が、事後的に「業務の執行」を行っていたとして、業務執行取締役（法2条15号イ）に該当すると評価された場合には、責任限定契

約の効力を受けられないことになります。

　これまで「業務の執行」の意義は、裁判例・学説上必ずしも明らかとされてきませんでしたが、経済産業省のコーポレート・ガバナンス・システムの在り方に関する研究会が平成27年7月24日に公表した「コーポレート・ガバナンスの実践――企業価値向上に向けたインセンティブと改革」別紙3「法的論点に関する解釈指針」によれば、「業務の執行」とは、業務執行者の指揮命令系統に属して行われる行為をいう、との解釈が示されています。そして、同指針では、たとえば、以下の行為は、通常は業務執行者の指揮命令系統に属しては行われない行為であることから、原則として「業務を執行した」にはあたらない、とされています。

① 業務執行者から独立した内部通報の窓口となること
② 業務執行者から独立した立場で調査を行うために、企業不祥事の内部調査委員会の委員として調査に関わること
③ 内部統制システムを通じて行われる調査等に対して、業務執行者から独立した立場に基づき、指示や指摘をすること
④ MBOにおける以下のような行為
・対象会社の取締役会の意見表明（賛同の是非、応募推奨の是非、アドバイザーの選任等）について検討を行うこと
・MBOや買付者に関する情報収集を行うこと
・買付者との間で交渉を行うこと
⑤ 第三者割当てによる株式の発行、支配株主との重要な取引等を行う場合等、上場規則に基づき必要となる場合において、業務執行者から独立した立場から意見を述べること
⑥ 任意に設置されたコンプライアンス委員会に出席し、自らの経験を基に役職員に対するレクチャーを行う等、社内におけるコンプライアンス向上の活動に関与すること
⑦ 経営会議その他、経営方針に関する協議を行う取締役会以外の会議体に社外取締役が出席し、意見すること
⑧ 社外取締役が、その人脈を生かして、自らM&Aその他の商取引の相手方を発見し、紹介すること
⑨ 株主や投資家との対話や面談を行うこと

　また、「業務の執行」の意義に関する別の考え方としては、殊に社外取締役は積極的に監督機能を果たすことが期待されていることから、このような目

46 第2編 Q&A 第1章 取締役

的・機能に資する行為は、取締役会の職務の一環として許容される、すなわち、「業務執行」には該当しないと解する見解等があります。

Q14 代表取締役と業務担当取締役／業務執行取締役の違い

代表取締役と業務執行取締役では、どのような点が異なりますか。また、業務担当取締役と業務執行取締役の違いは何ですか。

1 代表取締役の意義

代表取締役は会社の業務執行について包括的な権限を有しており、その対外的な行為は、会社を代表する行為となります（法349条4項）。すなわち、代表権とは、当該機関（代表取締役）による対外的な業務執行が会社の行為とされる権限をいいます。代表権に制限を加えても善意の第三者には対抗できない、すなわち、相手方が善意である場合は当該取引は有効とされます（同条5項）。

2 業務執行取締役の意義

業務執行取締役とは、以下①②のいずれかの者をいい（法2条15号イ）、取締役会から委任された範囲で業務執行を行い、会社を代理する権限を有します。

① 代表取締役以外の取締役であって、取締役会の決議によって取締役会設置会社の業務を執行する取締役として選定されたもの（法363条1項2号）

② 株式会社の業務を執行した①以外の取締役

①については、取締役会で選定された取締役は、代表取締役の包括的な代表権に基づく指揮命令系統の下で、通常は自らの所管業務に係る会社の業務を執行します。

②については、業務執行取締役として選定されていない取締役でも、現に業務を執行した場合には業務執行取締役となることを意味します。よって、たとえば、社外取締役が業務執行に該当する行為を行った場合には、業務執行取締役と評価されることになり、社外取締役としての資格を喪失してしまうことになります。

なお、業務執行取締役が、委任の範囲を超えて業務執行を行った場合は、表見代理（民法110条）の問題となり、取引の相手方に、当該業務執行取締役が権限を有していると信ずべき正当な理由がある場合は、会社は、当該業務執行取締役がした行為について責任を負うことになります。

3 業務担当取締役

業務担当取締役とは、業務執行取締役の中でも、専務取締役、常務取締役といった肩書により、会社の業務を分担する者をいいます。これらの肩書は、通常、指揮命令系統の上位（社長に次ぐNo.2、あるいはNo.3の職位等）にある者に付けられます。

業務担当取締役は「役付取締役」とも称され、他方、こうした肩書のない取締役は「平取締役」と呼ばれるのが一般的です。

Q15　取締役の職務執行停止

　ある取締役に職務を執行させることが適当でない事由が発生した場合、その職務をやめさせるためにはどのようにすればよいですか。

1　担当職務の解職

取締役会は、業務執行取締役の選定権限（法363条1項2号）を有することの裏返しとして、その解職権限を有すると解されています。よって、取締役の業務執行について問題があり、是正を勧告したにもかかわらず行為が是正されない場合等は、取締役会決議により、業務執行権限を剥奪（解職）することが考えられます。

このような取締役会決議の前提として、監査役、監査委員または監査等委員は、取締役が①不正行為をし、もしくは当該行為をするおそれがあると認めるとき、または②法令・定款に違反する事実もしくは著しく不当な事実があると認めるときは、遅滞なく、その旨を取締役会に報告する義務を負っています（法382条、399条の4、406条）。

また、取締役会は取締役の常勤・非常勤、担当職務等を決定する権限を有していると解されることから、取締役会決議により、問題のある取締役を非常勤・担当業務なし、とすることが考えられます。

なお、常勤の業務執行取締役から、非常勤・担当業務なしの取締役に降格するに伴って、役員報酬を減額することが可能かについては**Q53**をご参照ください。

2　取締役の職務執行停止の仮処分

担当職務を解職しても当該取締役が問題行為を止めない場合や、支配権争い等が原因で取締役会において解職決議を成立させることができない場合は、裁判所に取締役の職務執行停止の仮処分の申立てをすることが考えられます（民

48　第2編　Q&A　第1章　取締役

事保全法56条)。職務執行停止の仮処分命令を受けた取締役は、当該命令に違反して職務を執行しても、当該職務執行は無効となります。

　また、併せて職務代行者の選任の申立てをすることが考えられます(民事保全法56条)。職務代行者が、仮処分命令に別段の定めがある場合を除き、株式会社の常務に属しない行為をするには、裁判所の許可を得ることが必要です(法352条1項)。常務とは、会社事業の通常の経過に伴う業務をいうと解されています。

3　違法行為差止請求権

　取締役が①法令・定款に違反する行為をし、または法令・定款違反の行為をするおそれがある場合において、②株式会社に著しい損害が生じるおそれがあるときは、監査役、監査委員もしくは監査等委員は、当該行為の差止めを請求することができます(法385条、399条の6、407条)。

　株主(公開会社の場合は6か月前から引き続き株式を保有する株主)も、上記①の場合(法令・定款違反)において、会社に回復することができない損害が生ずるおそれがあるときは、同様の差止請求権を有しています(法360条)。

③　善管注意義務・忠実義務

Q16　善管注意義務と忠実義務の関係

取締役の善管注意義務と忠実義務の関係はどのように定められていますか。

　株式会社と取締役の関係は、委任に関する規定に従うとされていますので(法330条)、取締役は、その職務を遂行するにつき、善良な管理者としての注意義務を負います(民法644条)。

　他方、取締役は、法令および定款ならびに株主総会の決議を遵守し、株式会社のため忠実にその職務を行わなければならないと定められています(法355条)。

　このように善管注意義務とは別に忠実義務を定めた趣旨について、判例は、忠実義務は善管注意義務を敷衍し、かつ一層明確にしたにとどまるのであって、善管注意義務とは別個の高度な義務を規定したものとは解することができないとしています。したがって、判例の見解によれば、忠実義務の規定の存在意義は、委任関係に伴う善管注意義務を取締役につき強行規定とする点にあること

となります。もっとも、総株主の同意により会社に対する責任を免除することはできます（法424条）。

Q17　取締役ごとの善管注意義務の内容

善管注意義務・忠実義務の内容は、取締役によって異なるのでしょうか。

善管注意義務の水準は、その地位・状況にある者に通常期待されるものとされ、特に専門的能力を買われて取締役に選任された者については、期待される水準は高くなると解されています。

たとえば、銀行の取締役の注意義務の程度は、一般の株式会社の取締役に比べて高い水準のものであると述べた裁判例があり（Q35）、このような考え方によれば、会社の業種、特にその公共性の有無などによって、求められる善管注意義務の程度が異なってくる可能性があります。

また、同じ会社の取締役であっても、業務執行取締役が自ら管掌する業務に対して負う善管注意義務の内容と、その他の業務執行取締役および非業務執行取締役が当該業務に対して負う善管注意義務の内容は自ずと異なってきます。当該業務執行取締役の場合は、当該業務の遂行について積極的に決定・執行することが善管注意義務の内容となります。これに対し、その他の業務執行取締役および特に非業務執行取締役の場合は、当該業務執行取締役の行為を監視することが善管注意義務の内容になっています。なお、監視義務については、疑念を差し挟むべき特段の事情が無い限り、当該業務執行取締役の業務執行を信頼することができるとされています（信頼の権利）。

④　競業避止義務

Q18　競業取引規制の概要

会社と取締役との競業取引について、会社法はどのような規制を設けていますか。

1　制度趣旨

取締役が自己または第三者のために株式会社の事業の部類に属する取引をしようとするときは、取締役会非設置会社の場合は、株主総会において当該取引

につき重要な事実を開示し、その承認を受けなければならず（法356条1項1号）、取締役会設置会社の場合は、取締役会において当該取引につき重要な事実を開示して、その承認を受けなければならないとされています（法365条1項）。

　このような規制が置かれた理由は、取締役は業務執行を行ったりその決定に関与するので、会社の機密・ノウハウ等の内部情報を入手しやすい地位にあり、そのような取締役が会社と競業する取引を行う場合、会社の利益を犠牲にして自己または第三者の利益を図るおそれが高いためです。

2　規制の対象者

　規制の対象となる取締役は代表取締役に限らず、すべての取締役が対象となります。もっとも、在任中の取締役に限られ、退任後の取締役には本規制は直接及びません。

　また、いわゆる執行役員へ競業取引規制が類推適用されるか否かが議論されていますが、執行役員は会社法上の機関ではなく、その契約形態もさまざまであることから、類推適用は否定すべきであると考えられます。そのため、実務的には、執行役員の競業取引規制は、執行役員規程等の内部規則で定めておくべきでしょう。

3　規制の対象行為

　規制の対象行為は、自己または第三者のために株式会社の事業の部類に属する取引になりますが、その詳細については、**Q19**で述べます。

4　承認の手続

　まず、重要事実の開示は、承認すべきか否かを判断するための情報提供をさせる趣旨ですから、その判断に必要な事実が開示されなければなりません。具体的には、取引の相手方、取引の種類、目的物、数量、価格、期間などが考えられます。また、取締役が同種の事業を目的とする会社の代表者に就任する場合は、当該会社の規模、事業の具体的な内容、取引の範囲なども開示されるべき事実になります。

　次に、承認の程度ですが、承認は、本来、個別具体的になされるべきですが、反復継続的に行われる取引については、合理的な範囲を定めた上で、包括的な承認を行うこともできます。

　また、承認の時期についてですが、承認は「取引をしようとするとき」になされなければならない以上、事前になされなければなりません。そうしますと、事後承認の可否が問題となりますが、競業取引については、承認がなくとも取

引自体は有効であると解されていますので、取引の効力との関係で事後承認を認める必要はありません。また、事前承認をとらなかったことは任務懈怠となりますので、会社に損害が生じたときは、当該取締役に損害賠償請求を行うことができ、その場合には総株主の同意がなければ任務懈怠責任は免除されないこととの関係上（法424条）、事後承認は認められないと解すべきです。

5　承認の効果

取締役が承認を得て競業取引を行った場合であっても、取締役の責任が免除される効果はありません。競業行為に関し任務懈怠があれば、責任を追及されるおそれはあります（法423条1項）。ただし、その場合は、任務懈怠と相当因果関係にある損害額について、会社が立証しなければなりません。

6　違反の効果

取締役が承認を得ずに競業取引を行った場合、その競業取引によって会社に損害が発生した場合、その取引によって取締役または第三者が得た利益の額を損害額と推定して、責任を追及できます（法423条2項）。これは、競業取引による損害額の立証は実務的に困難であるため、その立証負担を軽減する趣旨です。

7　事後報告

取締役会設置会社においては、競業取引を行った取締役は、当該取引後遅滞なく、当該取引についての重要な事実を取締役会に報告しなければなりません（法365条2項）。これは、会社に損害が生じた場合に、競業取引を行った取締役の責任追及の可否を適切に判断させるためです。

8　開示

公開会社においては、取締役の競業の明細は、事業報告の附属明細書に記載され（法435条2項・3項、施128条2項）、株主・会社債権者・親会社社員に開示されます（法442条）。

Q19　競業取引に該当する行為

競業取引に該当するのはどのような場合ですか。

Q18で述べたとおり、競業取引規制の対象行為は、「自己または第三者のために株式会社の事業の部類に属する取引」とされています。

1　「自己または第三者のために」の意義

「自己または第三者のために」の意義をめぐっては、自己または第三者の名

において（自己または第三者が権利主体となる）の意味であると解する説（名義説）と自己または第三者の計算において（自己または第三者が実質的な損益の帰属主体になる）の意味であるとする説（計算説）がありますが、計算説が多数説です。競業取引の承認を得ないことの効果として、当該取締役または第三者が得た利益の額を会社の損害額と推定することが定められていることからすれば（法423条2項）、会社の計算において行われない行為を適用対象にする必要がありますから、計算説が妥当であると解されます。

2 「株式会社の事業の部類に属する取引」の意義

　競業取引規制が会社への損害発生防止を趣旨とすることからすれば、「株式会社の事業の部類に属する取引」とは、会社が実際に行う事業と目的物および市場が競合する取引をいうと解されます。そのため、定款に会社の目的として記載されている事業であっても、現在行っておらず、かつ、近い将来に行う予定もない事業は規制対象から外れます。他方、定款に記載されていない事業であっても、近い将来に事業化すべく具体的な準備を行っている事業分野については規制の対象になります。また、同様に、現在は市場が競合していなくとも、会社が具体的に進出を予定している地域は会社の市場として、規制の対象になります。

3 具体的事例の検討

(1) 代表取締役、代理人、事実上の推進者の場合

　甲社の取締役Aが、甲社と同種事業を行っている乙社の代表取締役に就任して乙社を代表して事業を行う場合は、もちろん競業取引規制が及びますし、代表取締役でなくとも、支配人その他の使用人として乙社を代理する場合も、競業取引規制が及びます。

　さらには、Aが乙の代表権も代理権も有していなくとも、事実上、主導的に同種事業を推進している場合、競業取引規制が及ぶといえます。なぜなら、この場合は、行為を実質的に見れば、Aは競業取引の実行行為者といえるからです。

(2) 株主の場合

　甲社の取締役Aが、甲社と同種事業を行っている乙社の代表取締役に就任はしていないものの、乙社の発行済株式を相当数保有して乙社の経営を実質的に支配している場合、Aは乙社の事実上の主催者として、第三者のために競業取引を行ったと認められます。

(3) 子会社の場合

　上記事例で乙社が子会社であっても、競業取引規制は及びます。なぜなら、

子会社に親会社以外の株主が存するとき、親会社の利益と子会社の利益は同一でない場合がありうるからです。他方、乙社が完全子会社の場合、親会社と子会社の間に利害の対立は無いため、競業取引規制は及びません。

Q20　退任後の競業禁止特約

退任予定の取締役との間で競業禁止特約を締結するつもりですが、この特約は有効でしょうか。

1　退任後の営業の自由

退任後の取締役は、会社の営業秘密を利用して競業を行えば、不正競争防止法に違反しますし（同法2条1項7号・6項）、社会的に許容される範囲を逸脱するような態様で競業を行ったときは不法行為責任を問われる場合もあります。しかし、退任後の取締役は、そのような違法行為を自ら行わない限り、競業取引規制が在任中の取締役のみに及ぶ以上、自らの知識、経験および技能を活かして会社と同種の事業を行うことができるのが原則です（職業選択の自由・営業の自由）。

2　競業禁止特約の有効性の判断要素

そのため、会社が、退任後の取締役の競業を制限したいと考えた場合、当該取締役との間で競業禁止特約を締結するほかありません。もっとも、退任後の取締役には職業選択の自由・営業の自由が保障されているため、余りに広範な競業禁止特約は公序良俗に違反して無効になる場合があります。これまでの裁判例に鑑みますと、競業禁止特約の有効性については、①会社の利益、②退任取締役の従前の地位、③制限の範囲、④代償措置の有無・内容などが考慮要素として判断されます。

(1)　会社の利益

退任取締役の職業選択の自由を制限する以上、その不利益を課すことを許容するに足りる程度の会社の保護利益がなければなりません。会社の保護利益としては、技術上・営業上の秘密、顧客の維持が挙げられます。

(2)　退任取締役の従前の地位

退任取締役が、会社の保護利益である秘密情報に触れていたり、顧客と強い人間関係を構築していたりしている場合、会社に不利益を生じさせるおそれがあります。逆に、退職者がそのような地位にないのであれば、競業避止義務を課すことが必要かつ合理的であるといえないおそれがあります。

54 第2編 Q&A 第1章 取締役

(3) 期間、地域、業務内容・対象の制限範囲

ア 期間

特約を有効と判断した裁判例を整理すると、期間が2年間以内のものが多く見受けられます。ただし、2年未満であっても無効とされた裁判例もあるため、2年間が絶対的な基準とはいえません。

イ 地域

裁判例を見ても、地域に関する制限をしている例はほとんどありません。

ウ 業務内容・対象

裁判例の多くは、会社と競業関係にたつ事業を行うことを一般的に禁止する事例ですが、そのような広範な制限を行うことは無効と判断されやすくなります。たとえば、禁止の対象を、会社の顧客に対する営業活動に限定するなど、適切な限定を行った特約は有効とされやすい傾向にあります。

(4) 代償措置

代償措置とは、退任取締役が競業避止義務を負う対価として受領する経済的利益のことをいいます。そのため、広範囲に競業を禁止するような特約の場合は代償措置なしに特約が有効となることは難しいといえますが、他方、代償措置が十分であれば他の要素の不十分性を補って有効になりうるものと考えられます。

(5) まとめ

実務的には、これらの要素を総合的に勘案した上で、後日紛争になった際に競業禁止特約が無効と判断されないよう、留意することが必要です。特に代償措置については十分な配慮をすべきです。

Q21 退任予定取締役による従業員の引抜き

退任予定の取締役が退任後に同種事業を開始するため、従業員の引抜きを行っていますが、この引抜き行為は適法でしょうか。

取締役が退任後に会社と同種の事業を行うことを計画して、その開業準備行為を行うことに競業取引規制は及びません。もっとも、その取締役はまだ在任しているため、善管注意義務・忠実義務に違反しない態様で開業準備行為を行わなければなりません。従業員の引抜きもこの文脈で問題となります。

学説の中には、在任中に引抜きを行えば当然に善管注意義務・忠実義務に違反するという見解もあります。しかし、退任予定の取締役が引抜きを行う場合、

紛争の実態が経営権争いにあったり、実質的な合弁契約の解消であるような
ケースがあり、会社と取締役の利害対立の問題としてとらえることがなじま
ないこともあります。そのため、当該引抜きが善管注意義務・忠実義務に違反す
るか否かは、在任中に行われたか否かだけでは判断できず、①退任に至る事
情・背景、②当該取締役と引き抜こうとしている従業員との関係（自ら教育し
た部下か否か）、③引き抜こうとしている従業員の人数、④引き抜かれた場合の
会社に与える影響などを勘案し、不当な態様で行われている引抜きが違法にな
るとする見解もあります。

　これまでの裁判例では、①会社を実質支配する者が、積極的に会社の人材・
資産・顧客を別会社のために流用して、競業行為を行ったケース、②社内対立
などを理由に、会社の中心人物が、会社の顧客や従業員を大量に奪取して、新
会社の実質的な営業譲渡ないし分社化を図ったケース、③在職中の地位を利用
して、退職前の段階から顧客を移転させたり、従業員を引き抜いたりしたケー
ス等において、善管注意義務・忠実義務違反が認められています。これらの
ケースの特徴としては、多数の従業員を引き抜いていること、従業員だけでな
く顧客等の移転も行っていること、それゆえに会社に多大な損害が発生してい
ること等を指摘することができます。

⑤　利益相反取引

Q22　利益相反取引規制の概要

　会社と取締役の利益相反取引について、会社法はどのような規制を設けてい
ますか。

1　利益相反取引とは

　会社法は、①取締役または執行役が自己または第三者のために会社と取引を
すること（法356条1項2号、419条2項）、②会社が取締役または執行役の債
務を保証することその他取締役または執行役以外の者との間において会社と当
該取締役または執行役との利益が相反する取引をすること（法356条1項3号、
419条2項）を利益相反取引と定めており、前者を直接取引、後者を間接取引
といいます（Q23参照）。

　利益相反取引の規制は、取締役または執行役が、その立場を利用し、会社の

56 第2編 Q&A 第1章 取締役

利益を犠牲にして、自己または第三者の利益を図ることを防止する趣旨で設けられています。

2 利益相反取引規制が適用される者

利益相反取引規制が適用されるのは、取締役（法356条1項、365条1項）および執行役（法419条2項）です。

取締役・執行役予定者や退任取締役・執行役には適用されません。もっとも、退任取締役・執行役であっても、欠員が生じたため引き続き取締役または執行役としての権利義務を負う場合（法346条1項）は、利益相反取引規制の適用があるとする裁判例があります。

監査役や会計参与には利益相反取引規制の適用はなく、また、執行役員については、争いがあるものの、適用はないと解されています。

3 規制の概要

(1) 利益相反取引の承認

取締役または執行役が利益相反取引をしようとする場合、取締役会非設置会社においては株主総会（普通決議）、取締役会設置会社（監査等委員会設置会社および指名委員会等設置会社を含みます）においては取締役会において、利益相反取引にかかる重要な事実を開示し、その承認を受けなければなりません（法356条1項、365条1項、419条2項）。

これらの決議において、利益相反取引を行う取締役は、特別利害関係人となります。したがって、取締役会非設置会社においては、利益相反取引を行う取締役が株主である場合、利益相反取引の承認を得るための株主総会決議について、当該取締役が議決権を行使したことによって、著しく不当な決議がされたときは決議取消事由となります（法831条1項3号）。また、取締役会設置会社においては、利益相反取引の承認を得るための取締役会決議について、利益相反取引を行おうとする取締役は議決に加わることができません（法369条2項）。

なお、コーポレートガバナンス・コードにおいては、取締役会は、経営陣・支配株主等の関連当事者と会社との間に生じうる利益相反を適切に管理すべきであり（原則4-3）、また、独立社外取締役の役割・責務の1つとして、「会社と経営陣・支配株主等との間の利益相反を監督すること」が挙げられています（原則4-7(iii)）。

(2) 事後報告

取締役会設置会社（監査等委員会設置会社および指名委員会等設置会社を含みま

す）においては、利益相反取引をした取締役または執行役は、当該取引後、遅滞なく、当該取引についての重要な事実を取締役会に報告しなければなりません（法365条2項、419条2項）。

4 承認の効果

利益相反取引について株主総会または取締役会の承認を得た場合、当該利益相反取引は有効です。また、株主総会または取締役会の承認を得た場合、当該利益相反取引について、民法108条の規定（自己契約および双方代理の禁止）は適用されません（法356条2項、365条1項、419条2項）。

なお、承認を得た場合であっても、善管注意義務違反または忠実義務違反は別途生じる可能性がある点には留意が必要です。

5 承認を得なかった場合の取引の効力

判例上、株主総会または取締役会の承認を得ないでなされた利益相反取引は無効ですが、第三者に対しては、会社が当該第三者の悪意を証明しない限り無効を対抗できないとされています。

なお、利益相反取引を行った取締役または執行役の側から無効を主張することはできないとされています。

6 損害賠償責任

(1) 法423条の適用

株主総会または取締役会の承認を得なかった場合は法令違反ですから当然ですが、承認を得た場合であってもそれが任務懈怠に該当し、会社に損害が生じた場合には、法423条の損害賠償責任が適用されます。そして、利益相反取引については一定の特則が設けられています。

(2) 任務懈怠の推定

株主総会または取締役会の承認を得たかどうかにかかわらず、利益相反取引によって会社に損害が生じたときは、当該取引を行った取締役等は、その任務を怠ったものと推定されます（法423条3項）。ただし、監査等委員会設置会社において、監査等委員会の承認を受けたときは、かかる推定規定は適用されません（法423条4項。Q31参照）。

(3) 無過失責任に関する特則

取締役または執行役が、「自己のため」に「直接取引」をした場合は、法423条の責任を「任務を怠ったことが当該取締役又は執行役の責めに帰することができない事由によるものであることをもって免れることができない」とされています（法428条1項）。

58 第2編　Q&A　第1章　取締役

　この場合、法425条～427条の規定は適用されない（法428条2項）ため、責任を免除するためには総株主の同意（法424条）が必要となります。

Q23　直接取引と間接取引

どのような取引が利益相反取引になりますか。

1　直接取引

　利益相反取引のうち直接取引とは、取締役または執行役が自己または第三者のために会社と取引をすることをいいます（法356条1項2号、419条2項）。
　「自己または第三者のために」の意義については争いがありますが、「自己または第三者の名義において」という意味であると解するのが一般的です（名義説）。名義説によると、直接取引の類型としては、①取締役または執行役個人が会社と取引を行う場合、②取締役または執行役が第三者（他の個人または法人）を代理または代表して会社と取引を行う場合の2つのパターンがあることになります。したがって、会社所有の財産を売却する取引を考えてみると、売却先が取締役個人である場合は①に該当し、また、第三者に売却する場合でも、会社と第三者との間の取引について、取締役がその第三者を代理する場合や、取締役が第三者である法人等の代表として取引を行う場合は、②に該当することになります。
　また、「取引」には、売買契約等の契約だけでなく、単独行為（債務の免除など）も含まれます。
　以上を踏まえると、直接取引としては、次のような行為が該当します（①の場合を挙げますが、②の場合も同様です）。なお、ここに挙げた行為に限られませんので、ご留意ください。
　　・会社所有の財産を取締役に譲渡すること
　　・取締役が所有する財産を会社に譲渡すること
　　・会社所有の財産を取締役に賃貸すること
　　・取締役所有の財産を会社に賃貸すること
　　・会社が取締役に対して金銭を貸し付けること（利息・担保の有無を問いません）
　　・取締役が会社に対して金銭を利息付または担保付で貸し付けること
　　・会社が取締役に対して財産を贈与すること
　　・会社が取締役の債務を免除すること
　もっとも、会社所有の財産を取締役に賃貸することが取締役の報酬に該当し

たり、会社と取締役等との取引が定型的取引であったりする場合は、利益相反取引規制は適用されません（**Q28** 参照）。

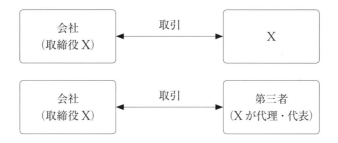

2　間接取引

　間接取引とは、会社が取締役または執行役の債務を保証することその他取締役または執行役以外の者との間において会社と当該取締役または執行役との利益が相反する取引をすることをいいます（法356条1項3号、419条2項）。

　間接取引の例としては、次のような行為が挙げられます。

・会社が取締役の債務を保証すること
・会社が取締役の債務を引き受けること
・会社が取締役の債務について物上保証をすること

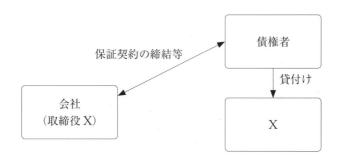

3　直接取引と間接取引の区別

　名義説を前提とすると、直接取引と間接取引を区別することは、一見すると簡単なことのように思えますが、株主関係や親族関係が絡む事例を検討する場合など、実質的な利益相反があるかどうかを検討する必要がある場面では、学説上も直接取引説と間接取引説に分かれている場合があるため、区別が難しくなることもあります。

60　第2編　Q&A　第1章　取締役

もっとも、直接取引と間接取引では、無過失責任の特則（法428条1項）を除いて、特に効果等に違いはありませんので、区別が難しい場合でも、実務上、株主総会または取締役会の承認を得るかどうかを判断するに際しては、直接取引か間接取引かを厳密に考える必要はなく、「利益相反取引かどうか」という大きな枠組みで判断できればよいと考えられます。

Q24　役員兼務の場合

当社の取締役が他社の取締役を兼務している場合において、当社と当該他社が取引を行う場合は、常に利益相反取引に該当しますか。

1　考え方

役員が兼務している場合の利益相反取引規制の適用関係は少々複雑ですが、基本的には、問題となる取締役の地位（代表取締役か否か等）を踏まえた上で、取引を行う各会社について、個別に利益相反取引に該当するかどうかを検討することが重要です。

なお、役員の兼務関係は、グループ会社間において多くみられることから、Q25もあわせてご参照ください。

2　直接取引の場合

(1)　役員兼務の類型

XがA社とB社の取締役を兼務している場合、A社・B社間の取引が利益相反取引になるかが問題になりますが、この場合の類型としては、以下のように整理できます。

	A社におけるXの地位	B社におけるXの地位
類型Ⅰ	代表取締役	代表取締役
類型Ⅱ	代表取締役	取締役
類型Ⅲ	取締役	代表取締役
類型Ⅳ	取締役	取締役

A社・B社の代表取締役がそれぞれ1人であり、当該取引においてA社またはB社を代表することを前提として検討します。

まず、類型Ⅰの場合、Xは、A社およびB社の双方を代表して、A社・B

社間の取引を行うこととなります。A社からみれば、A社の取締役であるXが、B社を代表して（B社のために）取引を行うことになりますので、A社において利益相反取引に該当し、株主総会または取締役会の承認が必要です。また、B社からみても、B社の取締役であるXが、A社を代表して（A社のために）取引を行うこととなるため、B社においても株主総会または取締役会の承認が必要です。

次に、類型Ⅱの場合、Xは、A社・B社間の取引につき、A社を代表しますが、B社を代表するわけではありません。そのため、B社からみれば、B社の取締役であるXが、A社を代表して（A社のために）取引を行うことになるため、B社の株主総会または取締役会の承認が必要ですが、A社からみれば、XはB社を代表せず、B社の「ために」取引を行うことにならないことから、A社の株主総会または取締役会の承認は不要です。類型Ⅲの場合は、類型Ⅱと逆であり、A社において利益相反取引となりますが、B社においては利益相反取引となりません。

類型Ⅳの場合、Xは、いずれの会社をも代表しないため、A社・B社の双方において利益相反取引となりません。

(2) 取締役が他社を代理する場合

会社が取引を行う場合、代表取締役が会社を代表するのが一般的ですが、当該取引が事業部長・支店長等の権限に属する場合、たとえば「取締役○○事業部長」「取締役○○支店長」等の名義で取引を行う場合もあります。この場合は、当該取締役が会社を代理して取引を行うことになり、利益相反取引との関係では、当該取締役はその会社の「ために」取引を行うものと理解されます。

したがって、たとえば、類型ⅣにおけるXが、A社を代理して取引を行う場合、XはA社の「ために」取引を行うこととなるため、B社において利益相反取引に該当し、株主総会または取締役会の承認が必要です。

なお、取締役の地位を有しない使用人が会社を代理する場合も同様ですので、たとえば、類型Ⅳにおいて、XがA社の使用人とB社の取締役である場合において、A社の使用人の立場でA社を代理する場合は、上記と同様、B社に

おいて利益相反取引となります。

(3) 代表取締役が複数いる場合

　類型Ⅰにおいて、A社の代表取締役としてX・Y（YはB社の取締役を兼務していない）の2名がおり、YがA社を代表する場合はどうでしょうか。XはB社を代表する（B社のために取引を行う）から、A社において利益相反取引になりますが、問題は、B社において利益相反取引となるか否かです。また、類型Ⅱにおいて、A社の代表取締役としてX・Y（YはB社の取締役を兼務していない）の2名がおり、YがA社を代表する場合、B社において利益相反取引となるでしょうか（類型Ⅲの場合はA社における利益相反取引が問題になります）。

　「自己または第三者のため」の解釈にかかる名義説を前提とすると、いずれの例においてもXはA社を代表していないため、「A社のため」に取引をすることにならず、直接取引には該当しないように思えます。

　しかしながら、学説上は、①直接取引には該当しないが、間接取引に該当しうるという見解、②類型Ⅰの場合は利益相反取引となるが、類型Ⅱの場合は利益相反取引とならないという見解、③いずれの場合も直接取引になるという見解などがあります。

　このように学説は分かれているものの、利益衝突の類型的な危険があると解する見解が有力であることを踏まえれば、実務的には、代表取締役が複数存在し、他の代表取締役がA社を代表する場合であっても、B社において株主総会または取締役会の承認を得ておくべきです。

3　間接取引の場合

　XがA社とB社の取締役を兼務している場合において、A社が、B社の債権者であるC社との間で、B社の債務を保証する契約を締結する場合が典型例です。

　このような場合、上記2(1)と同様の兼務関係の類型がありえますが、B社は当該保証契約等の当事者でないから利益相反取引かどうかは問題にならず、A社において株主総会または取締役会の承認を要するかが問題となります。

　判例・学説上は、類型Ⅰ・ⅢのようにXがB社の代表取締役である場合は利益相反取引に該当し、類型Ⅱ・ⅣのようにXがB社の取締役を兼務しているにすぎない場合は利益相反取引とならないとする見解が一般的です。

　なお、間接取引の場合には、類型Ⅰ・Ⅲにおいて、B社に複数の代表取締役がいる場合であっても利益相反取引に該当すると解されています。

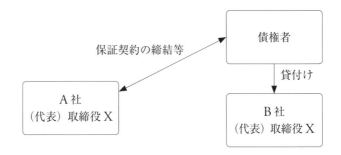

4 海外の会社との役員兼務がある場合

　会社法は、取締役と「株式会社」との間の利益相反取引を規制しているところ（法356条1項2号・3号）、かかる「株式会社」には「外国会社」が含まれないことから（法2条1号・2号参照）、外国会社には利益相反取引規制は及ばないと解されます。

　したがって、Xが国内A社と海外B社の（代表）取締役を兼務している場合におけるA社・B社間の取引に際しては、会社法との関係では、海外のB社において利益相反取引規制は適用されず、国内A社において株主総会または取締役会を要するかどうかを検討すれば足りると解されます。

　なお、B社については、B社に適用される海外の法令を検討する必要があります。

> **Q25　グループ会社間取引**
>
> 　親会社や兄弟会社と取引を行う場合、利益相反取引に該当しますか。

1 完全親子会社関係がある場合

　判例上、取締役が会社の全株式を保有している場合や、株主全員の同意がある場合には、当該取締役と会社との取引については、利益相反取引に該当しないとされています。これは、利益相反取引の規制は、株主の利益保護のために設けられたものだからです。

　これと同様に、完全親子会社関係がある場合は、たとえ役員の兼務関係があったとしても、親会社・子会社の双方において利益相反取引に該当せず、株主総会または取締役会の承認は不要と解されています。

　また、同一の完全親会社を持つ兄弟会社との間の取引についても同様に考えてよいと解されます。

なお、完全親子会社関係があったとしても、破たんに瀕している子会社に親会社の資産を移転する場合は利益相反関係がないとはいえず、親会社において株主総会または取締役会の承認を要するとする見解もあります。

2　完全親子会社関係にない場合

これに対し、親子会社ではあっても、子会社に親会社以外の株主が存在する場合は、利益衝突の可能性があることから、利益相反取引規制が適用されます。したがって、この場合は、親会社・子会社において個別に株主総会または取締役会の承認を要するかどうかを検討しなければなりません。

兄弟会社との取引についても、少数株主が存在する場合は、上記と同様と解されます。

なお、取締役の兼務関係があるかどうかにかかわらず、親会社等の支配株主の圧力の下に、子会社に不利な取引を行った場合、当該子会社の取締役は忠実義務違反となり（企業グループ全体の利益のために当該子会社の利益を犠牲にしたとの抗弁は認められない）、当該子会社に対して損害賠償責任を負うと解されています。

3　平成26年会社法改正

「会社法制の見直しに関する中間試案」（平成23年12月）では、子会社の少数株主保護の観点から、親会社と子会社の利益が相反する取引によって子会社が不利益を受けた場合、親会社は子会社に対して当該不利益に相当する額を支払う義務を負うという案が挙げられていましたが、この案には反対意見も強く、コンセンサスを得られなかったため、平成26年会社法改正には盛り込まれませんでした。

もっとも、平成26年会社法改正では、完全親子会社間の取引も含めた親子会社間の取引につき、事業報告および監査報告に一定の事項を記載することとされました。かかる開示については、**Q32** をご参照ください。

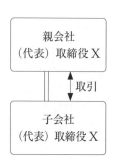

Q26 取締役が取引先の株主である場合

当社の取締役が取引先の株主である場合、利益相反取引に該当しますか。

1 取締役が取引先の全株式を保有している場合

A社の取締役Xが、取引先であるB社の全株式を保有している場合、A社とB社間の取引が、A社において利益相反取引となるかが問題となります。なお、ここでは、XはB社の取締役を兼務していないことを前提とします（Xが、B社の取締役を兼務している場合は、Q24で論じた問題も同時に検討する必要があります）。

このような問題について、A社・B社間の取引につき、代表取締役XがA社・B社両社の代表取締役に就任後の取引はもちろん、XがB社の代表取締役に就任する前の取引についても、Xはその就任前からB社の全株式を所有しB社の営業上の損益からくる経済上の結果はそのままXに直結する関係にあるから、利益相反取引に該当するとした裁判例があります。

学説上も、利益相反取引（直接取引または間接取引）に該当すると解する見解が一般的であり、取締役が家族等の持株を合わせて実質的に全株を保有している場合も同様であると解されています。

したがって、上記事例は利益相反取引に該当し、A社において株主総会または取締役会の承認が必要です。

2 取締役が取引先の過半数株式を保有している場合

取締役が取引先の全株式を保有していない場合はどうでしょうか。

この点、学説上は、全株式を保有していない場合でも利益相反のおそれがあることは否定できないものの、他方、どの程度の株式を保有している場合に利益相反取引となるかという基準を明確にすべき要請もあることから、取締役が取引先の株式の「過半数」を保有している場合は利益相反取引になるという見解が一般的です。

したがって、取締役が、取引先の株式の50％超を実質的に保有している場合は利益相反取引に該当し、株式保有比率が50％以下であれば利益相反取引に該当しないということになります。

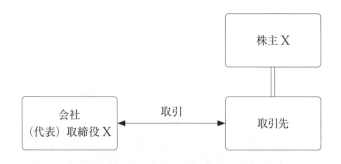

Q27 親族関係と利益相反取引

当社が、取締役の親族と取引を行う場合、利益相反取引に該当しますか。

1 取締役が親族を代理する場合

たとえば、A社が、取締役Xの配偶者であるYや、Xの子であるZと取引を行う場合において、XがY・Zを代理する場合、XはY・Zの「ために」取引を行うことになりますので、直接取引に該当し、A社の株主総会または取締役会の承認が必要になります。

2 取締役が親族を代理しない場合（事例1）

上記の例で、XがY・Zを代理しない場合でも、利益相反取引となるでしょうか。

利害衝突のおそれを重視するか、法的安定性から適用範囲を明確にすべきことを重視するかという観点から検討すべき問題ですが、学説上は、規制範囲の明確性の観点から利益相反取引に該当しないとする説が多いものの、配偶者や未成年の子は取締役と経済的に一体であるから利益相反取引に該当するという説も有力です。

また、裁判例では、保険契約者および保険金受取人を会社、被保険者を代表取締役とする生命保険契約について、取締役会決議を経ずに、保険契約者を代表取締役、保険金受取人を代表取締役の妻に変更する手続を行った事案において、かかる保険契約者変更手続は、会社と代表取締役との間の利益相反取引であり、また、保険金受取人変更手続も、妻が夫と社会経済的に同一の経済実態を有していることに鑑みれば、会社と代表取締役との間の利益相反取引であると判断した例があります。

このような裁判例がある以上、実務的には、株主総会または取締役会の承認

を得ておくべきでしょう。

なお、生計を同一とする者の範囲については、税法上の考え方（法人税基本通達1-3-4、所得税基本通達2-47）を参考にし、同居している場合に限らず、生活費、学資金、療養費等の送金が行われている場合も含むと考えるべきとの見解があります。

事例1

3 親族が経営する会社との取引（事例2）

A社が、取締役Xの配偶者Yが経営するB社と取引をする場合（XがB社を代理しない場合）については、このような事例にまで適用を拡大するのは法的安定性を害することから、規制範囲の明確性を重視し、適用を否定する見解が一般的です。

事例2

Q28 利益相反取引に該当しない取引

利益相反取引に該当しない取引としては、どのようなものがありますか。

1 一般的・抽象的に会社に不利益が生じない取引

外形上、利益相反取引に該当する取引であっても、一般的・抽象的にみて会社に不利益を及ぼさない取引については、利益相反取引規制は適用されないと解されています。

このような取引には、①定型的な取引、②取引の性質上、会社に不利益が生じない取引、③他の手続による承認が得られている行為があります。

2 具体例

(1) 定型的取引

定型的な取引は、会社と取締役との間の取引であっても、裁量の余地がないことから、利益相反取引規制は適用されないとされています。

このような取引として、普通取引約款による取引、取締役が一般顧客として会社の店舗で商品を購入する場合が挙げられます。

(2) 会社に不利益が生じない取引

この類型では、「取引の性質上」会社に不利益が生じないことが条件になります。たとえば、取締役の会社に対する債務の免除、取締役の会社に対する負担のない贈与、取締役の会社に対する無利息・無担保の貸付け、相殺適状にある債権債務の相殺、債務の履行などが該当します。

なお、取締役による会社債務の保証も取引の性質上会社に不利益が生じない取引になりますが、取締役が会社から保証料を得る場合は利益相反取引になると解されています。

(3) 他の手続による承認が得られている場合

会社法に別途規制が定められている場合は、その規制を遵守すれば足り、別途利益相反取引に関する株主総会または取締役会の承認は不要と解されています。

このような取引としては、相対取引による自己株式の取得、株式・新株予約権の発行、現物出資・事業譲渡・合併・分割等があり、このような場合、株主総会の特別決議が必要であることから、別途利益相反取引に関する承認は不要とされています。もっとも、簡易合併や、公開会社における有利発行でない新株発行など、株主総会の特別決議が要求されない場合は、別途利益相反取引にかかる承認を要すると解されています。

また、取締役に対する報酬の支給についても、利益相反取引にかかる承認は不要と解されています。なお、使用人兼務取締役の使用人報酬部分については原則として利益相反取引の規制が及ぶものの、取締役会の承認のある給与体系に基づいて支給される場合には、個別に取締役会の承認を得る必要はないとされています。

3 個別具体的な事情を加味することの可否

学説上は、取引条件等が公正であれば、利益相反取引規制は及ばないとする見解もあります。しかし、不動産売買を例にとると、不動産の公正価格は一義的に決まるものではなく、公正価格には幅がありますし、その他の取引条件に

ついても何が公正かを判断するのは困難です。

そこで、公正性には幅がある以上、取締役の利益のために、会社が損害を被るおそれはあることから、抽象的に会社に損害が生じうる取引であれば、株主総会または取締役会の承認を得なければならないと解されています。

4 軽微な取引

上記1に挙げた利益相反取引が不要とされる取引には該当しないものの、取引金額が小さく、会社への影響が軽微であるという理由から、株主総会または取締役会の承認が不要と考えることはできるかが問題となります。

会社の取締役や担当者からすれば、金額が小さな取引についても承認が必要となると、株主総会または取締役会の承認を待たなければならないことになりますし、あらためて株主総会や取締役会を開催するのも煩雑だと思われるかもしれません。

しかし、会社法上は、取引金額が軽微であるからという理由で承認が不要となる定めはなく、また、承認を不要とした裁判例もありません。

したがって、取引金額が小さい場合や、会社への影響が軽微であっても、利益相反取引に該当し、株主総会または取締役会の承認を要すると解されます。

Q29 包括承認の可否

継続的に利益相反取引が行われることが見込まれる場合、包括的な承認を得ることはできますか。

利益相反取引の承認決議を行う場合、「当該取引につき重要な事実を開示」(法356条1項)した上で、承認を得なければなりません。かかる「重要な事実」については、取引ごとに判断され、一般的には、取引の種類、目的物、数量、価格、履行期、期間などが挙げられます。

そのため、株主総会または取締役会の承認は、個別取引ごとに行われるのが原則です。

もっとも、子会社が製造した製品を親会社が購入する場合や、親会社から子会社への定期的な貸付けを行う場合など、グループ会社間で継続的な取引を行う場合があります。このように、反復継続的な取引が見込まれる場合には、包括的な承認を得ることができると解されており、実務においても広く行われています。この場合、取引の種類・数量・金額・期間等を特定する必要があります。

70　第2編　Q&A　第1章　取締役

　包括承認に関して、どの程度の期間の取引を承認の対象とできるかについては特に明確な定めや解釈はありませんが、実務上は、1年以内の期間の取引について包括承認を行うのが一般的で、定時株主総会後の取締役会において1年ごとに承認を取り直す例がよくみられます。

　なお、包括承認を得た場合でも、重要な取引条件が変更されたり、承認を得た取引金額・数量を超える取引を行う場合は、あらためて、変更内容を開示の上、承認を取り直す必要があります。

Q30　事後承認の可否

　利益相反取引について事後承認を得れば、問題はないでしょうか。

　法356条1項2号・3号は「取引をしようとするとき」と定めているため、利益相反取引を行う場合には、事前に承認を得るのが原則です。

　しかし、判例上、承認のない利益相反取引の効果は、一種の無権代理行為として無効になると解されていることから、無権代理行為の追認の場合と同じように、事後承認も許容され、事後承認によって利益相反取引は有効になると解されています（この点では競業取引の場合と異なります）。

　事後承認の時期的制限があるか、つまり、事後承認がいつまで許されるかについては、あまり議論がなされていませんが、一定の時期的制限があるとする見解もあります。もっとも、利益相反取引に関する事例ではありませんが、設立から約6年間にわたり株主総会の承認を経ずに役員報酬を支払っていた事案において、事後的な承認により報酬支払いを有効と認めた判例もありますので、長期間を経過した場合でも、有効と認められる可能性はあると思われます。

　なお、事後承認に限らず、利益相反取引にかかる承認の効果は、利益相反取引を有効とすることに限られ、取締役等の責任を軽減・免除する効果はないことに留意が必要です。

Q31　監査等委員会設置会社における特則

　監査等委員会設置会社における、利益相反取引についての任務懈怠の推定規定の適用除外とは、どのような制度ですか。

1　監査等委員会設置会社における任務懈怠推定の適用除外

　法423条3項は、利益相反取引によって会社に損害が生じたときは、次に

掲げる取締役または執行役は、その任務を怠ったものと推定すると定めています。

① 法356条1項（法419条2項において準用する場合を含みます）の取締役または執行役

② 利益相反取引をすることを決定した取締役または執行役

③ 利益相反取引に関する取締役会の承認の決議に賛成した取締役（指名委員会等設置会社においては、当該取引が指名委員会等設置会社と取締役との間の取引または指名委員会等設置会社と取締役との利益が相反する取引である場合に限ります）

しかし、監査等委員会設置会社において、当該取引につき、監査等委員会の承認を得た場合は、上記任務懈怠の推定は適用されません（法423条4項）。

2 任務懈怠の推定規定が適用されない理由

法423条4項が制度化された理由として、法務省の立案担当者は、監査等委員会は、その委員の過半数が社外取締役であり、業務執行者から独立した立場で利益相反を監督する機能を期待することができ、また、監査役会や指名委員会等設置会社における監査委員会と異なり、業務執行者に対する監督機能も有していることを挙げています。

このような理由のほか、監査等委員会設置会社の利用を促進するため、政策的に法423条4項を制度化したと理解されています。

3 監査等委員会による承認の要否

監査等委員会による利益相反取引の承認は、当該取引の有効要件ではなく、任務懈怠の推定規定を排除する効果しか有しないものです。したがって、利益相反取引を行おうとする場合に監査等委員会の承認が必須となるものではありません。また、監査等委員会の承認を得た場合であっても、取締役会（監査等委員会設置会社には取締役会を置かなければなりません。法327条1項3号）による承認は別途必要です。

つまり、監査等委員会設置会社においては、取締役会の承認に加えて、監査等委員会の承認を得るかどうかを検討すべきことになります。

4 事後承認の可否

監査等委員会による承認は、事後に得られてもよいかという点について、法務省の立案担当者は、法423条4項の「第356条第1項第2号又は第3号に掲げる場合」とは、取締役等が利益相反取引を「しようとするとき」であることから、事前の承認であることを要すると解しています。

72　第2編　Q&A　第1章　取締役

　法356条1項2号および3号の「取引をしようとするとき」という文言を重視すると、株主総会または取締役会による承認が事後でもよいとされていることとの整合性に疑義が生じるように思えますが、株主総会または取締役会による承認と監査等委員会による承認ではその効果が異なることから、両者を区別して解することが可能であると解されています。

　このように、監査等委員会による承認は事前に限られ、事後に承認を得ても法423条4項は適用されないことに留意が必要です。

Q32　関連当事者取引の開示

　利益相反取引や関連当事者取引の開示について教えてください。

1　事業報告等への記載

　利益相反取引については、事業報告において、社外役員が他社の業務執行者であることが重要な兼職（施121条8号）に該当する場合は、会社と他社との関係を記載することとされているところ（施124条1項1号）、社外役員が代表取締役を務める他社がある場合に、会社と当該他社との間で利益相反取引がある場合は、利益相反取引の概要を記載すべきと解されています。

　また、取締役候補者と会社との間に特別の利害関係があるときは、株主総会参考書類にその事実の概要を記載すべきこととされているところ（施74条2項3号）、利益相反取引があることもかかる「特別の利害関係」の1つと解されています（もっとも、利益相反取引のすべてを記載する必要はないとされています）。

　さらに、承認を得ないでなされた利益相反取引は法令違反として監査報告の記載事項（施129条1項3号、130条2項2号、130条の2第1項2号、131条1項2号）になります。

　以上のほか、関連当事者取引については計算書類、有価証券報告書および事業報告等への記載が必要になりますので、以下、関連当事者取引の開示について説明します。

2　関連当事者取引の開示

　利益相反取引と異なる概念として関連当事者取引があり、一定の事項を計算書類の注記に記載しなければなりません（計98条1項15号、112条）。ただし、会計監査人設置会社以外の非公開会社においては、開示は不要です（計98条2項1号）。

なお、上場会社では、有価証券報告書等にも関連当事者との取引にかかる記載が必要です（財務諸表等規則8条の10、連結財務諸表規則15条の4等）。

3　関連当事者の範囲

関連当事者とは、以下の者をいい（詳細は、計算規則112条4項をご参照ください）、利益相反取引の対象者よりも範囲が広くなっています。

① 親会社

② 子会社

③ 親会社の子会社（兄弟会社）

④ その他の関係会社（当該株式会社が他の会社の関連会社である場合における当該他の会社をいう）ならびに当該その他の関係会社の親会社および子会社

⑤ 関連会社および当該関連会社の子会社

⑥ 主要株主（自己または他人の名義をもって当該株式会社の総株主の議決権の10％以上の議決権を保有している株主）およびその近親者（二親等内の親族）

⑦ 役員およびその近親者（二親等内の親族）

⑧ 親会社の役員またはこれらに準ずる者およびその近親者（二親等内の親族）

⑨ 上記⑥〜⑧に掲げる者が他の会社等の議決権の過半数を自己の計算において所有している場合における当該会社等および当該会社等の子会社

⑩ 従業員のための企業年金（当該株式会社と重要な取引（掛金の拠出を除く）を行う場合に限る）

4　開示の対象となる取引

開示を要する「取引」の範囲については、直接取引だけでなく、「当該株式会社と第三者との間の取引で当該株式会社と当該関連当事者との間の利益が相反するものを含む」（計112条1項本文かっこ書）とされていることから、間接取引も含まれます。

5　開示の対象外となる取引

関連当事者との取引のうち以下のものについては注記を要しないとされています（計112条2項）。開示対象外となる基準は、利益相反取引規制の対象外とされる場合と異なることに留意が必要です。

① 一般競争入札による取引ならびに預金利息および配当金の受取りその他取引の性質からみて取引条件が一般の取引と同様であることが明白な取引

② 取締役、会計参与、監査役または執行役に対する報酬等の給付

③　当該取引に係る条件につき市場価格その他当該取引に係る公正な価格を勘案して一般の取引の条件と同様のものを決定していることが明白な場合における当該取引

なお、関連当事者の開示に関する会計基準（企業会計基準第 11 号）および適用指針（企業会計基準適用指針第 13 号）では、軽微な取引は開示対象外とされるなど、関連当事者との取引のうち「重要性」が認められるものについて開示を要するとされており、計算書類においても、「一般に公正妥当と認められる企業会計の慣行」（法 431 条、計 3 条）として同様の考え方が適用されるものと解されます。

6　関連当事者取引に関する事業報告・監査報告にかかる平成 26 年会社法改正

平成 26 年会社法改正により、親会社等との間の関連当事者取引であって、個別注記表において注記を要するものがあるときは、①当該取引をするにあたり会社の利益を害さないように留意した事項（当該事項がない場合にあっては、その旨）、②当該取引が会社の利益を害さないかどうかについての取締役（取締役会設置会社にあっては取締役会）の判断およびその理由、③社外取締役を置く株式会社において、②の取締役（または取締役会）の判断が社外取締役の意見と異なる場合には、その意見を記載することとされました（施 118 条 5 号）。

なお、会計監査人設置会社でない公開会社において、注記事項を省略し、付属明細書に記載した場合は、上記①～③の事項を事業報告の附属明細書に記載することになります（施 128 条 3 項）。

また、事業報告または附属明細書の内容として、上記①～③の事項が記載されているときは、当該開示事項に関する監査役等の意見を監査報告の内容としなければなりません（施 129 条 1 項 6 号、130 条 2 項 2 号、130 条の 2 第 1 項 2 号、131 条 1 項 2 号）。

7　コーポレートガバナンス・コード

コーポレートガバナンス・コード（原則 1-7）では、上場会社が関連当事者間の取引を行う場合には、会社や株主共同の利益を害しまたは害する懸念を惹起することのないよう、取締役会は、あらかじめ、取引の重要性やその性質に応じた適切な手続を定めてその枠組みを開示するとともに、その手続を踏まえた監視（取引の承認を含みます）を行うべきであるとされています。

6 取締役の会社に対する責任

Q33 取締役の会社に対する責任の概要

取締役が会社に対して責任を負うのはどのような場合ですか。

取締役が会社に対して負う責任には、任務懈怠責任と任務懈怠責任以外の法定の特別責任があります。

1 任務懈怠責任

(1) 原則

取締役はその任務を怠ったときは、株式会社に対し、これによって生じた損害を賠償する責任を負います（法423条1項）。

取締役と会社の関係は委任に関する規定に従うため、任務懈怠とは善管注意義務・忠実義務違反を意味します。また、取締役の任務には法令を遵守して職務を行うことが含まれますが、その法令とは、会社の利益に関わる法令だけでなく、すべての法令であると解されています。

さらに、任務懈怠責任は過失責任ですので、無過失の場合は責任を負いません。

賠償額は、当該取締役の行為によって会社が被った損害額になります。

(2) 競業取引に関する特則

競業取引規制に違反した取引をしたときは、その取締役または第三者の得た利益が損害額と推定されます（法423条2項）。これは、競業取引による損害額の立証は実務的に困難であるため、その立証負担を軽減する趣旨です。

(3) 利益相反取引に関する特則

利益相反取引は類型的に会社に損害を及ぼすおそれの高い取引であることに鑑み、次の特則が設けられています。

① (i)直接取引の相手方である取締役、第三者のため会社と取引をした取締役、間接取引において会社と利益が相反する取締役、(ii)会社を代表し当該取引をすることを決定した取締役、(iii)当該取引に関する取締役会の承認決議に賛成した取締役は、その任務を怠ったものと推定されます（法423条3項）。

② 上記(i)の取締役のうち、直接取引の相手方である取締役の責任は無過失

責任とされ、責任の一部免除も認められません（法428条1項・2項）。

2　法定の特別責任

(1)　利益供与責任

株主の権利の行使に関し財産上の利益を供与した取締役は、その職務を行うについて注意を怠らなかったことを証明した場合を除き、連帯して、供与した利益の価額に相当する額を支払う義務を負います（法120条4項本文）。また、利益供与をした取締役は無過失責任とされています（同項ただし書）。

これらの責任は、利益供与という性質上、責任を加重したものです。

(2)　現物出資財産の価額てん補責任

募集株式の発行等または新株予約権の行使の際の現物出資財産の価額が定められた価額に著しく不足する場合には、その職務を行った取締役など一定の取締役は、会社に対し、当該不足額を支払う義務を負います（法213条1項、286条1項）。ただし、現物出資財産の価額について検査役調査を受けた場合、または、取締役が無過失を証明した場合は責任を負いません（法213条2項、286条2項）。

(3)　仮装払込みに関する責任

募集株式の引受人または新株予約権者が出資の履行を仮装した場合には、当該仮装に関与した取締役は、自らの無過失を立証しない限り、会社に対して仮装した払込金額を支払う義務を負います（法213条の3第1項、286条の3第1項）。

従来、仮装払込みに関与した取締役の責任は明確ではありませんでしたが、平成26年会社法改正により、責任が明記されました。

(4)　剰余金の配当等に関する責任

剰余金の配当・自己株式の任意取得につき、それが効力を生ずる日における分配可能額を超える金銭等の交付がなされた場合、①当該行為に関する職務を行った取締役、および、②当該行為が株主総会または取締役会の決議に基づき行われた場合にはその議案を提案した取締役は、自らの無過失を立証しない限り、会社に対し、当該剰余金の配当等により金銭等の交付を受けたものが受領した当該金銭等の帳簿価額に相当する金銭の支払義務を負います（法462条1項・2項）。

分配可能額を超える金銭等の交付を受けた者は、会社に対し交付を受けた金銭等の帳簿価額に相当する金銭の支払義務を負いますが（法462条1項）、その完全な回収は困難であるため、その行為に関与した取締役に過失の立証責任

を転換した特別責任を負わせたものです。

（5）　株式買取請求に基づく自己株式取得の責任

反対株主の買取請求に応じて自己株式を取得した場合、その株主に対して支払った金銭の額が当該支払いの日における分配可能額を超えるときは、その株式取得に関する職務を行った取締役は、自らの無過失を立証しない限り、会社に対し、その超過額を支払う義務を負います（法464条1項）。

法462条の責任と同様、財源規制違反の責任ですが、会社の義務として取得に応じたものであることから、支払額が超過額のみとなっています。

（6）　欠損が生じた場合の責任

剰余金の配当・自己株式の任意取得を行い、その行為をした日の属する事業年度末に係る計算書類において、欠損（分配可能額がマイナスになること）が生じた場合には、その行為に関する職務を行った取締役は、自らの無過失を立証しない限り、会社に対し、当該マイナス額と当該行為により株主に対し交付した金銭等の帳簿価額の総額とのいずれか少ない額を支払う義務を負います（法465条1項）。

これは、剰余金の配当等を行う取締役に対して、事後に欠損が生ずる可能性があればその行為を行わない義務を課したものです。

Q34　経営判断の原則

経営判断の原則について、どのように考えられていますか。

1　経営判断の原則が認められる理由

経営判断の原則とは、取締役の善管注意義務違反の判断基準として、判例上、形成されてきました。

取締役は、株主からの負託を受けて、会社に利益を生じさせなければなりませんが、そのためには、他の会社と同じことを行うのではなく、リスクテイクが必要不可欠です。リスクとは、目的達成の障害となる不確実性を意味し、不確実であるがゆえに、結果的に会社に損失を生じさせることもあります。その場合、リスクテイクを行った判断を事後的・結果論的に評価して、善管注意義務違反の責任を問えるとしてしまいますと、取締役に萎縮的効果を与え、リスクテイクしづらい状況となり、ひいては会社に利益がもたらされなくなってしまいます。

そこで、そのような萎縮的効果を生じさせないようにするために、取締役の

経営判断に広い裁量を認めるべく、多くの下級審判決において経営判断の原則が認められてきました。その判断基準の傾向は、決定の過程と内容の基準を分けて、経営判断の前提となる事実認識の過程（情報収集とその分析・検討）については不注意な誤りがあったか否かを基準とし、他方、事実認識に基づく意思決定の内容については著しい不合理さを基準とするものでした。

2 アパマンショップ事件判決が示した判断基準

もっとも、最高裁は、アパマンショップ事件判決（最判平成22・7・15判時2091号90頁）において、取締役の「決定の過程、内容に著しく不合理な点がない限り、取締役としての善管注意義務に違反するものではないと解すべきである」と判示しました。これは、従来の下級審判決の傾向とは異なり、決定の過程および内容のいずれも「著しい不合理さ」を基準とするものです。

この事案は、グループの事業再編計画の一環として、少数株主の存在する子会社を完全子会社化する目的で行われた株式取得において、一株あたり約1万円と算定された株式を5万円で取得することを決定したことが善管注意義務に違反するか否かが問題とされた事案であり、原審の東京高裁では取締役の責任が認められていました。しかし、当該最高裁判決は、「このような事業再編計画の策定は、完全子会社とすることのメリットの評価を含め、将来予測にわたる経営上の専門的判断にゆだねられている」として、上記判断基準を用いて、取締役の責任を否定しました。これは、最高裁が、本件のように具体的な法令違反のないケースにおいては、取締役に相当に広い裁量を認めたと評価できます。

当該最高裁判決がなされた後の下級審判決においては、決定の過程および内容に著しい不合理さがあるか否かに着目して判断する例が多くなっています。

Q35 金融機関の取締役に適用される経営判断の原則

金融機関の取締役に適用される経営判断の原則は、その他の事業会社の取締役とは異なるのでしょうか。

1 融資決定と善管注意義務違反

金融機関の取締役については、主として、回収不能となった融資について、その融資の決定が善管注意義務に違反しているのではないかが問われます。

そこでは、回収可能性が問題とされ、回収不能が具体的に予見できる場合に義務違反を認める裁判例が多くあります。特に、従前の裁判例の傾向としては、

破たんしている金融機関の事案では、取締役が敗訴することが多かったのですが、他方、破たんしていない金融機関の事案では、取締役が勝訴する事案がほとんどでした。

2 四国銀行事件判決

ところが、四国銀行事件判決（最判平成21・11・27金判1335号20頁）において、最高裁は、破たんしていない金融機関の取締役の責任を認める判断を行いました。この事案は、四国銀行が、高知県から要請を受け、高知県において再建資金の融資を計画していた土佐闘犬センター株式会社に対し、高知県の融資が実行されるまでのつなぎ融資を行ったところ、当該会社にさらに追加融資をしなければ倒産する可能性が高い状況となってしまい、追加融資を行っていたにもかかわらず、当該会社が倒産してしまい、融資金が回収不能となったというものです。原審の高松高裁は、上記の経緯に鑑み、すべての追加融資について善管注意義務違反はないと判断しましたが、最高裁は、回収見込み判断に著しい不合理な判断があったとして、一部の追加融資について善管注意義務違反を認めました。もっとも、四国銀行事件判決においては、経営判断の原則には触れておらず、最高裁が、金融機関の取締役に適用される経営判断の原則について制限されると考えているのか否かは明確ではありませんでした。

3 北海道拓殖銀行特別背任事件上告審決定

もっとも、四国銀行事件判決とほぼ同時期に出された、北海道拓殖銀行特別背任事件上告審決定（最決平成21・11・9判時2069号156頁）は刑事事件の上告審決定ではありますが、経営判断の原則について最高裁として初めて認めただけでなく、金融機関の取締役に対する経営判断の原則の適用について次のとおり判示しました。

「銀行の取締役が負うべき注意義務については、一般の株式会社取締役と同様に、受任者の善管注意義務……及び忠実義務……を基本としつつも、いわゆる経営判断の原則が適用される余地がある。しかし、銀行業が広く預金者から資金を集め、これを原資として企業等に融資することを本質とする免許事業であること、銀行の取締役は金融取引の専門家であり、その知識経験を活用して融資業務を行うことが期待されていること、万一銀行経営が破たんし、あるいは危機にひんした場合には預金者及び融資先を始めとして社会一般に広範かつ深刻な混乱を生じさせること等を考慮すれば、融資業務に際して要求される銀行の取締役の注意義務の程度は一般の株式会社取締役の場合に比べ高い水準のものであると解され、所論がいう経営判断の原則が適用される余地はそれだけ

限定的なものにとどまるといわざるを得ない。」

これにより、最高裁は、金融機関の取締役に対しては、経営判断の原則が適用される余地は限定的なものにとどまると解していることが明確となりました。

Q36　他の取締役の法令違反を認識した取締役に適用される経営判断の原則および監督（監視）義務

他の取締役の法令違反を認識した取締役には経営判断の原則は適用されないのでしょうか。また、他の取締役の法令違反を認識した取締役にはどのような義務が生じるのでしょうか。

1　ダスキン事件判決

他の取締役の法令違反を認識した取締役に経営判断の原則が適用されるか否かが争われた事例として、ダスキン事件判決（大阪高判平成18・6・9判タ1214号115頁）があります。

この事案は、ダスキンが販売していた大肉まんという商品に食品衛生法上使用が認められていない添加物が使用されていましたが、担当取締役は大肉まんの販売を継続し、後に、その食品衛生法違反行為は全取締役の認識するところとなりましたが、「自ら積極的には公表しない」という対応を決めたというものです。その後、内部告発により法令違反の隠ぺいが発覚し、ダスキンには100億円を超える損害が生じました。

株主代表訴訟において、取締役らは、「自ら積極的に公表しない」という対応は経営判断の問題であると主張しました。

これに対し、大阪高裁は、「過去になされた隠ぺいとはまさに正反対に、自ら進んで事実を公表して、既に安全対策が取られ問題が解消していることを明らかにすると共に、隠ぺいがすでに過去の問題であり克服されていることを印象づけることによって、積極的に消費者の信頼を取り戻すために行動し、新たな信頼関係を構築していく途をとるしかない」「現に行われてしまった重大な違法行為によってダスキンが受ける企業としての信頼喪失の損害を最小限度に止める方策を積極的に検討することこそが、このとき経営者に求められていたことは明らかである」と述べて、「自ら積極的に公表しない」という対応は「『経営判断』というに値しない」と判示しました。

他の取締役の法令違反を認識した取締役には、一律に経営判断の原則が適用されなくなるとする見解もあります。当該判決は必ずしもそのような判断はし

ていませんが、この事案の事実関係のもとでは、経営判断の問題ではないと述べて、経営判断の原則の適用を認めていません。

2 監督（監視）義務

他方、当該判決は、他の取締役の法令違反を認識した取締役がとるべき義務として、公表を含めて、企業としての信頼喪失の損害を最小限度にとどめる方策を積極的に検討する義務があると判示しました。他の取締役の法令違反を認識した取締役には、監督（監視）義務が発生しますが、この事案に即して、その作為義務の内容を具体的に示したものです。

監督（監視）義務の内容については、法令違反が行われている最中であれば、その法令違反の阻止・中止に向けられた義務が発生します。具体的には、取締役会において発言して是正を求めたり、その取締役が代表取締役であれば代表取締役解職を付議することなどが考えられ、取締役会で是正できなければ、監査役に報告して違法行為差止請求権を行使してもらうことも考えられます。

他方、法令違反が行われてしまった後であれば、企業として何らかの損害を被ることが想定されるため、当該判決が述べるように、その損害を最小限度にとどめる方策を積極的に検討する義務が生じます。その場合、隠ぺいを行うことは、損害を拡大させることになる場合がほとんどであり、できるだけ早期に公表することを含めた対策を講じることが不可欠となるでしょう。

Q37 他の取締役の法令違反を認識した取締役が将来の違法行為に関して負うべき監督（監視）義務

他の取締役の法令違反を認識した取締役は、将来の違法行為に関して監督（監視）義務を負うことがあるのでしょうか。

---

1 セイクレスト事件判決

代表取締役の法令違反行為を認識した社外監査役が、その代表取締役の将来の違法行為に関して善管注意義務違反を認められた事例として、セイクレスト事件判決（大阪高判平成 27・5・21 金判 1469 号 16 頁）があります。この事案は、社外監査役の善管注意義務違反が問われたものですが、判決において示された義務の内容は、そのまま取締役にもあてはまるものと考えられます。

2 事案の概要

この事案は、破産会社セイクレストの破産管財人が、その社外監査役に任務懈怠があったとして、破産手続において責任査定の裁判を申し立て、破産裁判

所が社外監査役の責任を認める査定決定を出したところ、社外監査役がその決定に対して異議の訴えを提起したというものです。

査定の対象となったのは、セイクレストの代表取締役が平成22年12月にセイクレストの資金8000万円を出金して第三者に交付した金員交付について、社外監査役がこの違法行為を防止できなかったという不作為です。

その前提として、本件金員交付の以前において、その代表取締役は、有価証券届出書に記載した使途に反する資金の流用、増資額の水増しによる会社財産の希薄化、返済可能性が低い状況下での多額の約束手形の振出し等の不正・違法行為を繰り返しており、社外監査役はこれらの不正・違法行為を認識していたという事情がありました。もっとも、社外監査役が何もしていなかったものではなく、取締役会において度々疑義を表明したり、事実関係の報告を求めるなどしたり、また、辞任の申入れを行ったり、然るべき対応をせざるを得ない旨申し入れるなどしていましたが、本件金員交付を防止できなかったものです。

3 判旨

この事案の主な争点とそれに対する判断は次のとおりです。

(1) 「本件金員交付について社外監査役の予見可能性があったか」

本件金員交付以前に行われた代表取締役の各行為は、会社の資金を不当に流用させるという点において、同種または類似した態様の違法行為であるということができるから、代表取締役がセイクレストの資金を定められた使途に反して合理的な理由なく不当に流出させるといった任務懈怠行為を行う具体的な危険性があることを予見することが可能であったと判示されました。

(2) 「社外監査役に、取締役会に対し内部統制システムを構築するよう勧告すべき義務の違反があったか」

社外監査役が公認会計士であり、平成13年3月にセイクレストの社外監査役に就任し、平成23年3月に辞任するまでの間、社外監査役であった者であって、また、監査役の監査業務の職務分担上、経営管理本部管掌業務を担当することとされていたことに加えて、取締役会の出席を通じて、代表取締役による一連の任務懈怠行為を熟知していたことをも併せ考えると、社外監査役には、監査役の職務として、監査役監査規程に基づき、取締役会に対し、セイクレストの資金を定められた使途に反して合理的な理由なく不当に流出させるといった行為に対処するための、内部統制システムを構築するよう助言または勧告すべき義務があったが、その義務に違反したと判示されました。

(3) 「社外監査役に、代表取締役を解職すべきである旨を取締役会に勧告すべき義
　　務の違反があったか」

　代表取締役の一連の行為は、代表取締役として不適格であることを示すもの
であることは明らかであるから、代表取締役を解職すべきである旨を取締役会
に勧告すべき義務があったが、その義務に違反したと判示されました。

4　取締役の監督（監視）義務

　当該判決においては、監査役の取締役会に対する勧告義務という内容の義務
が認められました。これは、監査役が、取締役と異なり、取締役会において議
題を提案し、審議・決議する権限を持たないためであり、他方これらの権限を
有する取締役はその権限を行使する義務を履行することが求められます。した
がって、当該判決の判示事項を取締役の監督（監視）義務に引き直せば、現時
点において具体的な違法行為がなくとも、将来の違法行為が予見できた場合に
は、取締役には、単に勧告するだけではなく、内部統制システム構築の議題を
提案し、審議・決議する義務があり、また、代表取締役解職の議題を提案し、
審議・決議する義務があるといえます。

Q38　内部統制システム構築義務

　内部統制システム構築義務と取締役の責任との関係はどのように考えられて
いますか。

1　大和銀行事件判決

　内部統制システム構築義務が問題となったリーディングケースが大和銀行事
件判決（大阪地判平成 12・9・20 判時 1721 号 3 頁）です。

　当該判決において、取締役会は、「会社が営む事業の規模、特性等に応じた
リスク管理体制（いわゆる内部統制システム）を整備することを要する」と判示
されました。この判示事項のポイントは、内部統制システムは、各会社の「事
業の規模、特性等」に応じたものでなければならないとされた点です。これは、
内部統制システムとは、ステレオタイプなものであってはならないことを示し
ています。

　まず、その会社の事業の規模によって異なります。たとえば、子会社を持た
ない会社と、多くの子会社をかかえる会社とでは、企業集団を含めた内部統制
システム構築を行うかどうかという点に大きな違いが出てきます。また、子会
社についても、国内子会社にとどまらず海外子会社も存在する場合、海外子会

社が存在する国の言語・慣習・文化・法律等の違いに基づき統制のあり方も異なってきます。

次に、その会社の特性等によっても大きく異なります。たとえば、事業の種類によって適用される法律はまったく異なりますし、為替リスクについても輸出が多いのか輸入が多いのかによって正反対になりますし、海外子会社がある場合にはどの国にあるかによってカントリーリスクもさまざまです。

そのため、大和銀行事件判決では、内部統制システムの構築自体にも、経営判断の原則が適用されるとされました。もっとも、経営判断の原則とは、本来、業務執行において利益（リターン）を得るためにリスクテイクせざるを得ないことから認められるのに対して（**Q34**）、内部統制システムの構築においては、このようなリスクとリターンの関係はなく、せいぜい費用対効果の観点が認められるにすぎないため、おのずと裁量の範囲は限定的となるという見解もあります。

2　日本システム技術事件判決

日本システム技術事件判決（最判平成 21・7・9 金判 1321 号 36 頁）の事案は、日本システム技術の事業部長が不正行為を行い、架空の売上げが計上されていたことが判明し、その株価が大幅に下落したことを受けて、株主が代表取締役に内部統制システム構築義務に違反した過失があったとして、法 350 条に基づき損害賠償請求を行ったというものです。日本システム技術事件判決は、最高裁として、初めて、内部統制システム構築義務について具体的に判断した判決になります。

当該判決は、取締役の内部統制システム構築義務について、通常想定される不正行為を防止できる体制を構築する義務はあるが、当該不正行為を予見すべき特別の事情の存在しない限り、通常想定されない不正行為まで防止できる体制を構築する義務はないと判示しました。その上で、本件不正行為はその巧妙さからして、通常容易に想定し難い方法によるものであり、以前に本件不正行為と同様の手口で不正行為がなされたことはなく、不正行為を予見すべき特別の事情も見当たらないとして、取締役の責任を否定しました。

この判決内容は、大和銀行事件判決が、その「規模、特性等」に応じた内部統制システムを構築する義務を認めたことの延長線上で捉えることができます。すなわち、その規模、特性等に基づき通常想定されるリスクさえ管理できておればよく、およそあらゆるリスクに対応しなければならないものではないことを明らかにしたといえます。

6 取締役の会社に対する責任 Q39 85

　ただし、「予見すべき特別の事情」があったリスクについては、当該会社の想定すべきリスクになりますので、そのような事情の有無についての洗い出しが必要になってくることに留意が必要です。また、そもそも、通常想定されるリスクについても、漏れがないように洗い出した上、そのリスクに対応する体制の構築を十分に行うことが肝要となります。

Q39　子会社管理責任

　取締役の子会社管理責任はどのように考えられていますか。

1　子会社監督責任の明文化に関する平成 26 年会社法改正における議論

　平成 26 年会社法改正において、子会社監督責任を明文化する議論がなされていました。しかし、「監督」という言葉自体が多義的で、その外縁が不明確であることから、親会社取締役が現行法上担っていると解される職務の範囲を超えて子会社を監督する職務を負うことになるおそれが指摘されるなどしたこともあり、結局、子会社監督責任の明文化は見送られました。

　もっとも、その議論において、親会社取締役の子会社管理責任を限定的に解釈した裁判例（東京地判平成 13・1・25 判時 1760 号 144 頁）が現在も維持されているか否かが議論されました。

　この裁判例は、野村證券の米国における 100% 孫会社が米国証券取引委員会の規則に違反したことから課徴金を課されたことについて、野村證券の株主が同社の取締役に対し損害賠償を請求した株主代表訴訟です。当該判決は、「親会社の取締役は、特段の事情のない限り、子会社の取締役の業務執行の結果子会社に損害が生じ、さらに親会社に損害を与えた場合であっても、直ちに親会社に対し任務懈怠の責任を負うものではない」とした上で、「親会社の取締役が子会社に指図をするなど、実質的に子会社の意思決定を支配したと評価しうる場合であって、かつ、親会社の取締役の右指図が親会社に対する善管注意義務や法令に違反するような場合には、右特段の事情があるとして、親会社について生じた損害について、親会社の取締役に損害賠償責任が肯定される」と判示しました。この裁判例によれば、親会社の取締役が子会社の意思決定を支配するという、かなり限られたケースしか子会社管理責任を負わないことになってしまいます。

　しかし、当該判決がなされた頃と異なり、今日では、持株会社形態が普及してグループ経営が進展しており、子会社株式も親会社の財産の一部を構成して

いる以上、企業価値の維持・向上を図る義務を履行するについては、子会社の価値の維持・向上をさせる必要がありますから、親会社が子会社管理の義務を負うことはむしろ当然であると解されています。そのため、平成26年会社法改正の議論においては、当該裁判例のような解釈論は維持されていないということで一致をみていました。

2 子会社管理責任が問題となる場合

子会社管理責任が問題となる場合として、親会社の取締役が子会社の意思決定を支配するという作為に限定されないという解釈が一般的となった今日、子会社管理責任が問題となるのは、親会社取締役が子会社の法令違反を認識していたにもかかわらず何も行わなかったという不作為の場面、および、親会社取締役がそもそも子会社の法令違反を認識することができなかったという場面だと考えられます。

3 親会社取締役が子会社の法令違反を認識した場合

(1) 福岡魚市場事件判決

福岡魚市場事件判決（福岡高裁平成24・4・13金判1399号24頁）は、親会社取締役が子会社の法令違反を認識した場合の親会社取締役の責任について判断した裁判例です。

この事案は、福岡魚市場の100%子会社であるフクショクが魚の販売業を行っていたところ、資金難から、仕入れて残った魚について、一定期間内に売却できなければ、期間満了時に買い戻すことを条件に一旦買い取ってもらい、期間満了時に買い戻せなかった場合に同じことを繰り返すという「グルグル回し取引」を行い、非正常な不良在庫を積み上げていき、福岡魚市場は調査委員会を立ち上げて調査したにもかかわらず、不良在庫問題の実態を解明することなく、多額の資金をフクショクに貸し付け、後日、多額の債権放棄を行わざるを得なくなったというものです。

当該判決は、不良在庫の発生に至る真の原因の究明は困難ではなかったことは、取引実態に起因する徴表から明らかであったにもかかわらず、フクショクの不良在庫問題の実態を解明しなかったとして、安易にフクショクの再建を口実に、むしろその真実の経営状況を外部に隠ぺいしたままにしておくために破たん間近となっていたフクショクに対して、貸金の回収は当初から望めなかったにもかかわらず貸付けを行ったとして、親会社取締役の善管注意義務違反を認めました。

6　取締役の会社に対する責任　Q40　87

(2)　親会社取締役が負う義務の内容

　子会社が法令違反を行っている場合、親会社が保有している子会社の株式価値が減少したり、企業集団の信用が低下するなど、親会社の財産・企業価値が毀損されるおそれが生じます。したがって、親会社取締役が子会社の法令違反を認識した以上、法令違反を是正し、「企業としての信頼喪失の損害を最小限度にとどめる方策を積極的に検討する義務」（**Q36**）が生じているものと考えられます。

4　親会社が取締役の子会社の法令違反を認識していなかった場合

　この場合について、正面から判断した裁判例はまだありませんが、企業集団における内部統制システム構築義務が問題になると考えられます。

　この点、平成26年会社法改正により、「当該株式会社及びその子会社から成る企業集団の業務の適正を確保するための体制」は会社法施行規則から会社法に格上げされました（法362条4項6号）。この改正は、新たな義務を取締役に課すものではないとされていますが、企業集団の内部統制システム構築義務が会社法本体に定められている以上、当該条文が、親会社取締役の子会社管理責任の根拠規定として用いられるおそれも十分ありえます。

　そのため、企業集団の内部統制システム構築義務違反に問われることのないよう、あらためて、子会社管理の観点から内部統制システムを検証しておくべきでしょう。

Q40　取締役の任務懈怠責任の免除

取締役の任務懈怠の責任はどのような場合に免除されますか。

1　免除制度

　会社法は、取締役の任務懈怠責任を免除するには原則として総株主の同意を要すると定め、他方、一部免除の例外として、①株主総会の特別決議による場合、②定款の定めと取締役会決議による場合、③責任限定契約による場合を定めています。ただし、一部免除を受けられる取締役は、善意・無重過失の取締役に限られます。

2　総株主の同意

(1)　趣旨

　取締役の責任を免除することは、株主の利益を害するおそれが高いため、総株主の同意を要するとしました。

(2) 要件

総株主の同意（法424条）は、株主総会決議を要するものではなく、個別的同意であっても問題ありません。

(3) 実務における利用

総株主の同意を得ることは、事実上、少数の株主しかいない会社以外には困難であると考えられます。

3 株主総会の特別決議による一部免除

(1) 趣旨

株主数の多い会社において、取締役による経営が萎縮しないように、総株主の同意を要さずとも、株主総会の特別決議のみで責任の一部免除を認める趣旨です。

(2) 一部免除の額

一部免除の額は、賠償額から最低責任限度額（次の①～③の合計額）を控除して得た額を限度とします（法425条1項、施113条）。

① 事業年度ごとの職務執行の対価のうち最も高い額に、代表取締役は6を、業務執行取締役は4を、非業務執行取締役は2を乗じた額

② 退職慰労金、使用人としての退職手当のうちの職務執行の対価およびこれらの性質を有する財産上の利益の合計額を在職年数で除した額に、代表取締役は6を、業務執行取締役は4を、非業務執行取締役は2を乗じた額

③ 取締役就任後に実現した有利発行新株予約権の利益額

(3) 手続

ア 株主総会決議

取締役は、①責任の原因となった事実および賠償責任額、②責任を免除することができる額の限度およびその算定の根拠、③責任を免除すべき理由および免除額を開示して、株主総会決議を得なければなりません（法425条2項）。その責任が多重代表訴訟の対象となる特定責任である場合は、当該株式会社だけでなく最終完全親会社等の株主総会の決議も要します（同条1項）。

イ 監査役等の同意

責任免除の議案を提出するには、監査役設置会社においては各監査役、監査等委員会設置会社においては各監査等委員、指名委員会等設置会社においては各監査委員の同意を要します（法425条3項）。

(4) 実務における利用

株主総会の特別決議による一部免除は、これまで、昭和ホールディングスの取締役の賠償責任の一部免除について大株主による株主提案がなされて可決した例が報告されていますが、ほとんど利用されていません。その理由としては、代表訴訟継続中に決議を行うことは取締役に不利に働くおそれがあること、判決後に決議を行っても取締役の重過失を主張されて紛争が継続するおそれがあること、最低責任限度額は現実の和解金額と比較して高額であることなどが挙げられます。

4 定款の定めと取締役会決議による一部免除

(1) 趣旨

株主総会決議による一部免除だけでは、株主総会決議が可決される保障がないため、取締役による経営が萎縮することを十分に防止できないおそれがあることから、あらかじめ定款で定めることによって、取締役会決議のみで一部免除ができることとしました。

(2) 一部免除の額

一部免除の額は、株主総会特別決議による一部免除の場合と同じです（法426条1項）。

(3) 手続

ア 定款変更および取締役会決議

あらかじめ取締役会決議によって一部免除できる旨の定款変更を行っている会社に限り、取締役会決議によって一部免除できます（法426条1項）。ただし、取締役会決議は、責任の原因となった事実の内容、職務の執行の状況その他の事情を勘案して特に必要と認めるときに限定されます。

イ 監査役等の同意

定款変更の議案を提出する場合、および、一部免除の議案を取締役会に提出する場合、監査役設置会社においては各監査役、監査等委員会設置会社においては各監査等委員、指名委員会等設置会社においては各監査委員の同意を要します（法426条2項、425条3項）。

ウ 株主の異議

一部免除の決議を行ったときは、遅滞なく、公告し、または、株主に通知しなければなりません（法426条3項）。多重代表訴訟の場合は最終完全親会社等の株主にも公告・通知を要します（同条5項）。そして、総株主の議決権の100分の3以上の株主が異議を述べた場合は、責任免除ができません（同条7

項)。

(4) 実務における利用

当該定款変更をしている会社は多くなく、実務における利用は進んでいません。

5 責任限定契約による一部免除

(1) 趣旨

当初は、社外取締役の人材確保のため、賠償責任に関する不安を除く趣旨で設けられていました。もっとも、平成26年改正法により、社外要件が厳格化され、従来は責任限定契約を締結できたにもかかわらず締結できなくなった非業務執行取締役が出てくることは不都合であること、責任発生原因を十分にコントロールできないのは、社外取締役だけでなく非業務執行取締役も同様であることから、非業務執行取締役にも責任限定契約の締結が認められることとなりました。

(2) 責任の限度

定款で定めた額の範囲内であらかじめ会社が定めた額と最低責任限度額のいずれか高い額を責任の限度とします（法427条1項）。

(3) 手続

ア 定款変更および責任限定契約の締結

あらかじめ責任限定契約を締結できる旨の定款変更を行い、責任限定契約を締結しておく必要があります（法427条1項）。

イ 監査役等の同意

定款変更の議案を提出する場合、監査役設置会社においては各監査役、監査等委員会設置会社においては各監査等委員、指名委員会等設置会社においては各監査委員の同意を要します（法427条3項、425条3項）。

ウ 事後開示

非業務執行取締役の任務懈怠により責任限定契約の適用がある損害を被ったことを会社が知ったときは、その後最初に招集される株主総会において開示を要します（法427条4項）。

(4) 実務における利用

多くの非業務執行取締役は責任限定契約を締結しているものと考えられ、実務での利用が進んでいます。

Q41 利益供与責任

株主権の行使に関する利益供与の責任はどのように定められていますか。

1 沿革と制度趣旨

利益供与の禁止は、もともと、総会屋の撲滅のために立法化されました。もっとも、平成9年商法改正により処罰内容が強化され、利益供与事件において厳しい有罪判決が相次いだことから、現在では総会屋はほとんどいなくなっているといわれています。このように本来の立法事実が存在しなくなっているため、利益供与禁止の趣旨をどのように理解するかについて、定まった見解はありませんが、会社の支配者たるべき株主の権利行使に影響を与える趣旨で取締役が会社の負担で行う利益供与を許すことは会社法の基本理念に反する（経営者の支配の助長）との考え方が有力です。

2 利益供与の要件

(1) 主体

主体は株式会社です（法120条1項）。当該株式会社またはその子会社の計算においてなされる場合が、これに該当します。そのため、取締役が自分の計算で行う行為は、少なくとも利益供与には該当しませんが、株主等の権利の行使に関する贈収賄罪（法968条）に該当するおそれはあります。

(2) 受領者

利益の受領者は、「何人に対しても」と定められています（法120条1項）。受領者が株主に限定されていないのは、株主に限定されてしまいますと、株主の近親者、知人等に受領させて、規制を潜脱するおそれがあるためです。

(3) 株主の権利行使との関連性

「株主の権利の行使に関し」利益の供与が禁止されていますが（法120条1項）、これは広範に理解されています。たとえば、議決権の行使、質問権や提案権の行使、書類・帳簿の閲覧権行使などはもちろん、それらの権利を行使しないこと、さらには株主にならないことにより株主権を行使しないこともこれに含まれます。

(4) 供与の対象

供与の対象は「財産上の利益」に限定されています（法120条1項）。たとえば、金銭・物品はもちろん、債権や有価証券の譲渡や、債務免除もこれに含まれます。さらには、無償の供与だけでなく、株主の権利の行使に向けられた

92 第2編 Q&A 第1章 取締役

行為であれば、有償の取引行為（物品の購入、有利子の貸付け、工事の請負など）も利益供与にあたりえます。

(5) 利益供与の推定

株主に対して無償の利益供与を行う場合、または、有償であっても対価が著しく少ない場合は、利益供与が推定されます（法120条2項）。

3　利益供与の効果

(1) 受益者の利益返還義務

受益者は、その善意・悪意にかかわらず、利益を会社に返還する義務を負います（法120条3項）。本来、刑罰の裏付けをもち禁止に対する違反行為は公序良俗に反し無効となるため、会社は受益者に対し、不当利得返還請求権を持つことになりますが、不法原因給付の規定が障害となることが考えられるため、民法の不当利得の特則として本条項を定めています。

(2) 取締役の責任

利益供与に関与した取締役は、供与した価額に相当する額を会社に連帯して支払う義務を負いますが、注意を怠らなかったことを証明すれば責任を免れます。ただし、利益の供与をした取締役は無過失責任とされています（以上につき、法120条4項）。この義務は総株主の同意がなければ免除されません（同条5項）。

4　実務上の問題点

(1) 従業員持株制度

従業員持株制度に基づき会社が従業員に株式取得の奨励金を支出することが、利益供与にあたらないかが問題となりますが、奨励金が従業員に対する福利厚生の一環等の目的をもってしたものと認められる場合は利益供与にあたらないと判断した裁判例があります。

(2) 総会出席者へのギフト

総会出席者へのお土産は、社会通念上相当な範囲内であれば、禁止されないと解されています。もっとも、委任状争奪戦になっている株主総会において、議決権を行使した株主に対してクオカード（500円相当）を贈呈すると表明して会社提案賛成の議決権行使を勧誘した事例について、会社提案に賛成しなかった株主にもクオカードを贈呈したものの、利益供与にあたるとした裁判例があります。

(3) 恐喝による利益供与

暴力団関係者が株主として経営に干渉することをおそれ、暴力団関係者から

6 取締役の会社に対する責任 Q42 93

株を買い戻す資金を供与した事例について、利益供与を認めた最高裁判決があります（蛇の目ミシン事件判決—最判平成 18・4・10 判時 1936 号 27 頁）。

Q42 剰余金の配当等に関する責任

剰余金の配当等に関し分配可能額を超過した場合の責任はどのように定められていますか。

1 趣旨

株式会社は有限責任であるから、会社債権者を保護するためには、会社に債務の弁済に必要な財産を維持させる必要があるため、会社法は一定金額以上の会社財産の維持を義務付けており（資本維持の原則）、剰余金の配当等に関する責任も、資本維持の原則の一環として位置付けられます。

2 適用対象

適用対象行為は、財源規制に違反した剰余金の配当と自己株式の取得です。

このうち、自己株式の取得については、①譲渡制限株式の譲渡を承認しないときに買取請求がなされた場合、②子会社から取得する場合、または、市場取引等により取得する場合、③合意による株式取得のうち、株主に対し通知を行って取得する場合、または、特定の株主から取得する場合、④全部取得条項付種類株式を取得する場合、⑤相続人等に売渡請求を行う場合、⑥所在不明株主から取得する場合、⑦1 株に満たない端数の買取を行う場合が定められています（法 462 条 1 項、461 条 1 項）。

3 責任を負う者

⑴ 業務執行者

業務執行者、すなわち、①業務執行取締役、②金銭等の交付に関する職務を行った取締役、③株主総会において剰余金の配当等に関する事項について説明した取締役、④剰余金の配当等に関し取締役会の決議に賛成した取締役、⑤分配可能額の計算に関する報告を監査役・会計監査人に対して行った取締役は支払義務を負います（法 462 条 1 項柱書、計 159 条）。

⑵ 株主総会議案提案取締役

剰余金の配当等が株主総会決議に基づいて行われる場合、①株主総会に議案を提案した取締役、②議案の決定に同意した取締役会非設置会社の取締役、③議案の提案が取締役会の決議に基づいて行われた場合の取締役会決議に賛成した取締役は責任を負います（法 462 条 1 項 1 号イ、計 160 条）。

94　第2編　Q&A　第1章　取締役

(3)　取締役会議案提案取締役

剰余金の配当等が取締役会決議のみによって行われる場合、取締役会に議案を提案した取締役は責任を負います（法462条1項1号ロ、計161条）。

4　支払うべき金額

責任を負う者が支払うべき金額は、分配可能額を超過する部分に相当する額のみではなく、交付を受けた金銭等の帳簿価額に相当する金銭です（法462条1項柱書）。これは、法が最低限の会社債権者保護の達成を超える回復を求めているものです。

5　責任の態様

(1)　株主

善意の株主が金銭支払義務を負うか否かが争われていますが、善意の株主も支払義務を負うという見解が多数説です。支払義務を履行した取締役は善意の株主に求償することができないことが法463条1項に定められていますが、善意の株主に支払義務がないとすると法463条1項をわざわざ定める必要がなくなってしまうこと、善意の株主が会社債権者よりも保護される理由はないことが多数説の根拠です。

(2)　取締役

取締役が職務を行うについて注意を怠らなかったことを証明したときは、金銭支払義務を免れます（法462条2項）。

実務上、財源規制に違反する剰余金の配当等は、計算書類を粉飾して、分配可能額の範囲内であるとみせかけて提案されることが多いため、そのような場合に計算書類の作成に関与しなかった取締役が粉飾を見破ることは著しく困難であって、支払義務を免れる場合もありうるものと考えられます。

6　責任の免除

取締役の支払義務を会社が免除することはできませんが、総株主の同意により分配可能額を限度として免除することは認められます（法462条3項）。

7　株式買取請求に応じた自己株式取得の特則

法116条1項に基づく株式買取請求に応じた自己株式取得が財源規制に違反した場合、業務執行者は、分配可能額を超えて支払った額のみを支払う義務を負うとされています（法464条）。

法462条の責任とは、①株主は責任を負わない点、②支払義務が分配可能額を超えて支払った額のみとされている点が異なっています。

このような特則が設けられているのは、財源規制を超えることは債権者保護

上、問題があることには変わりませんが、他方、株主の利益を保護するために株式買取請求も認める必要があるため、会社債権者と株主の利害の調整を図ったためです。

Q43　欠損が生じた場合の責任

剰余金の配当等を行った結果、欠損が乗じた場合の責任についてどのように定められていますか。

1　趣旨

剰余金の配当等が財源規制に違反して行われる場合と同様（**Q42**の1）、資本維持の原則の一環として定められています。

2　適用対象

株主に対し、剰余金の配当または自己株式の取得を行った結果、その事業年度に係る計算書類の確定時に、欠損が生じた場合（分配可能額がマイナスになった場合）、責任が生じます。なお、次の点に留意が必要です。

(1)　剰余金の配当

剰余金の配当のうち、次の2つの場合は適用対象となりません。

1つ目は、定時株主総会決議による剰余金の配当です（法465条1項10号イ）。これを適用対象にしますと、次期に分配可能額が生じないことをおそれて、取締役が過度に保守的な配当政策をとり、かえって株主のためにならないからです。もっとも、定時株主総会決議による自己株式の取得は適用対象とされています。

2つ目は、資本金または準備金の減少分を原資とする剰余金の配当です（法465条1項10号ロ・ハ）。これは、資本金または準備金の減少において、債権者保護手続が取られているため、会社債権者が了承している行為だからです。

(2)　自己株式の取得

財源規制違反において適用対象となっている自己株式の取得は（**Q42**の2）、欠損が生じた場合においてもすべて適用対象となっています（法465条1項1号〜3号、6号〜9号）。

また、取得条項付株式を取得条項に従って取得する場合、または、取得請求権付株式の取得請求に応じて自己株式を取得する場合、財源規制に違反する取得は効力が生じないというより強い形式の規制がされているため（法166条1項、170条5項）、財源規制の適用対象となっていませんが、欠損が生じた場合

96 第2編 Q&A 第1章 取締役

には適用対象行為とされています（法465条1項4号・5号）。

3 責任を負う者

法465条1項各号に掲げる行為に関する職務を行った業務執行者は支払義務を負います（法465条1項柱書）。ここに業務執行者とは、剰余金の配当等に関する責任における業務執行者と同様、計算規則159条～161条において定められています（法462条1項柱書、**Q42**の3）。

4 支払うべき金額

責任を負う者が支払うべき金額は、分配可能額のマイナス分（欠損の額）と会社から払い出された財産の額のいずれか少ない額とされています（法465条1項柱書）。欠損てん補責任は、会社財産を払い戻した結果、次の決算確定時に分配可能額がマイナスになった埋め合わせを求める制度であるため、払戻額が欠損の額を下回る場合は払戻額を、払戻額が欠損額を上回る場合は欠損額を支払わせれば足りるからです。

5 責任の態様

取締役が職務を行うについて注意を怠らなかったことを証明したときは、金銭支払義務を免れます（法465条1項柱書）。

ここに職務とは分配行為自体を指し、欠損が生じないように予測をしながら分配行為を行わなければなりません。

6 責任の免除

責任は総株主の同意がなければ免除されません（法465条2項）。

Q44　出資の履行に瑕疵がある場合の責任

出資の履行に瑕疵がある場合の責任についてどのように定められていますか。

---

1 現物出資財産の価額てん補責任

(1)　適用対象

現物出資財産の価額が、募集事項として定められた財産の価額に著しく不足する場合、責任が生じます（法213条1項）。新株予約権の行使による株式の発行等においても同様の定めが設けられています（法286条1項）。

(2)　責任を負う者

①　当該募集株式引受人の募集または新株予約権の募集に関する職務を行った業務執行取締役、現物出資財産の価額の決定に関する職務を行った取締役、現物出資財産の価額の決定に関する株主総会の決議があったときは当

該株主総会において当該現物出資財産の価額に関する事項について説明をした取締役、現物出資財産の価額の決定に関する取締役会の決議があったときは当該取締役会の決議に賛成した取締役（法213条1項1号、施44条、法286条1項1号、施60条）。

② 現物出資財産の価額の決定に関する株主総会の決議があったとき

株主総会に現物出資財産の価額の決定に関する議案を提案した取締役、株主総会において現物出資財産の価額の決定に関する決定に同意した取締役、株主総会の決議の議案の提案が取締役会の決議に基づいて行われた時は当該取締役会の決議に賛成した取締役（法213条1項2号、施45条、法286条1項2号、施61条）。

③ 現物出資財産の価額の決定に関する取締役会の決議があったとき

当該取締役会に現物出資財産の価額の決定に関する議案を提案した取締役（法213条1項3号、施46条、法286条1項3号、施62条）。

(3) 支払うべき金額

支払うべき金額は、不足額（法213条1項、212条1項2号）、すなわち、目的物の実価と募集事項の決定において定められた目的物の評価額との差額です。

(4) 責任の態様

取締役が職務を行うについて注意を怠らなかったことを証明した場合、または、検査役の調査を経た場合は、金銭支払義務を免れます（法213条2項）。

(5) 責任の免除

免除については特に定められていませんが、これは免除について特に制限がないことを意味しています。なぜなら、この場合、取締役自身は利益の移転を受けていないためです。

2 仮装払込みに関する責任

(1) 適用対象

払込みを仮装して株式を発行するといういわゆる見せ金を行った場合、責任が生じます（法213条の3）。新株予約権の行使についても同様の定めが設けられています（法286条の3）。

(2) 責任を負う者

① 出資の履行の仮装に関する職務を行った取締役（施46条の2第1号）

② 出資の履行の仮装が取締役会の決議に基づいて行われたとき

当該取締役会の決議に賛成した取締役、当該取締役会に当該出資の履行の仮装に関する議案を提案した取締役（施46条の2第2号）

③ 出資の履行の仮装が株主総会の決議に基づいて行われたとき

当該株主総会に当該出資の履行の仮装に関する議案を提案した取締役、当該議案の提案の決定に同意した取締役、当該議案の提案が取締役会の決議に基づいて行われたときは当該取締役会の決議に賛成した取締役、当該株主総会において当該出資の履行の仮装に関する事項について説明をした取締役（施46条の2第3号）

(3) 支払うべき金額

払込みを仮装した払込金額の全額の支払い、または、給付を仮装した現物出資財産の給付を行うことになります（法213条の3第1項）。

(4) 責任の態様

取締役が職務を行うについて注意を怠らなかったことを証明したときは、金銭支払義務を免れます（法213条の2第1項）。

(5) 責任の免除

免除については特に定められていませんが、これは免除について特に制限がないことを意味しています。なぜなら、この場合、取締役自身は利益の移転を受けていないためです。

7 第三者に対する責任

Q45 第三者に対する責任

取締役の第三者に対する責任はどのような場合に認められるのでしょうか。

1 趣旨

判例によれば、第三者に対する責任（法429条1項）の趣旨は、会社の経済社会に占める地位および取締役の職務の重要性を考慮し、第三者保護の立場から、取締役が悪意・重過失により会社に対する任務を懈怠し第三者に損害を被らせたときは、当該任務懈怠行為と第三者の損害との間に因果関係がある限り、間接損害・直接損害のいずれであるかを問わず取締役に損害賠償の責任を負わせたものです。

そのため、取締役の任務懈怠により損害を受けた第三者は、その任務懈怠について悪意または重過失があったことを立証すれば足り、自己に対する加害行為について悪意または重過失があることを立証する必要はありません。

2 損害

(1) 間接損害

間接損害とは、任務懈怠により会社が損害を被り、その結果第三者に損害が生じる場合です。

取締役による継続的な放漫経営により会社が倒産し、会社債権者の債権回収ができなくなった場合が典型例です。そのほか、安易な事業拡大、ずさんな貸付け、利益相反取引などによって会社が倒産した場合、取締役の責任が認められています。責任が認められている例では、違法行為がなされているか、あるいは、およそ経営判断らしい判断がなされていない例がほとんどです。

(2) 直接損害

直接損害とは、会社に損害がなく、任務懈怠により第三者に直接損害が生じる場合です。

会社が倒産に瀕した状況において、履行見込みのない取引（返済見込みのない借入れ、支払見込みのない商品購入など）を行う場合が典型例です。そのほか、詐欺的商法、知的財産権侵害、退任取締役への退職慰労金の不支給、従業員の過労死、内部統制システム不整備による名誉棄損の惹起などにおいて、取締役の責任が認められています。

3 責任を負う者

責任を負う者は、悪意または重過失によって任務を懈怠したことにより第三者に損害を負わせた取締役ですが、次の者が責任を負うのかについて争いがあります。

(1) 名目的取締役

名目的取締役とは、適法な選任手続によって取締役に就任しているが、取締役の職務をまったく行っていない取締役をいいます。

従来、名目的取締役に善管注意義務を果たすことを期待することは酷であることから、その責任を否定する裁判例が多くありました。しかし、判例によれば、取締役の善管注意義務は強行規定とされており、事前の職務免除の合意は無効であると解されています。そのため、近時は名目的な取締役の責任を肯定する裁判例が増えているといわれています。

(2) 登記簿上の取締役

取締役に選任されていないにもかかわらず、取締役として登記されている者は第三者に対する責任を負わないことが原則です。

もっとも、取締役として登記されることを承諾し不実の登記の出現に加功し

100 第2編 Q&A 第1章 取締役

た者は、法908条2項の類推適用により取締役でないことを第三者に対抗できず、第三者に対する責任を免れないとした裁判例があります。また、退任登記未了の元取締役について、辞任後もなお積極的に取締役として対外的・内部的な行為をあえてした場合、または、不実の登記を残存させることにつき登記申請者に明示的な承諾を与えていた場合、第三者に対する責任が認められるとした裁判例もあります。

(3) 事実上の取締役

取締役に選任されていないにもかかわらず、会社の主宰者として積極的に業務執行を行っていたような場合に、「事実上の取締役」として第三者に対する責任を認めた裁判例があります。

Q46 株主が第三者として行う取締役に対する責任の追及

株主が第三者として取締役に対し責任を追及することも認められますか。

1 間接損害を受けた株主

取締役の任務懈怠により会社の業績が悪化して株価が下落することによる損害は、株主が間接損害を被る典型例ですが、このように全株主が平等に不利益を受けた場合は、特段の事情のない限り、株主は株主代表訴訟を提起することによって取締役の責任を追及すべきであって、第三者に対する責任追及はできないと解する見解が多数です。その理由としては、会社が損害を回復すれば株主の損害も回復するという関係にあること、取締役が会社と株主に対し二重の責任を負うことになりかねないこと、会社債権者に劣後すべき株主が会社債権者に先んじて賠償を受けることになること、株主相互間でも不平等を生ずることが挙げられます。

ただし、閉鎖会社の場合は特段の事情があり、第三者に対する責任追及が認められる場合があります。特に、取締役と支配株主が一体であるような場合は、株主代表訴訟で勝訴してもその履行が困難であったり、加害が繰り返され、実効的な救済にならないおそれが強いからです。

2 直接損害を受けた株主

直接損害を受けた株主は、第三者に対する責任を追及することができます。たとえば、株主平等原則に違反した剰余金配当、違法な株券の不発行、特定株主の新株予約権の無視などの株主権の侵害がこれにあたります。また、次のような場合において、直接損害か間接損害か争いがあります。

(1) 著しく不公正な組織再編条件

株式を対価とする合併条件の不公正は、存続会社に損害を生じさせていないので、株主が受ける損害は直接損害といえます。株式交換や共同株式移転においても同様のことがいえます。他方、吸収分割においては分割対価が分割会社に交付されるため、分割条件が不公正に定められた場合、分割会社に損害が生じることから、この場合の株主の損害は間接損害となります。

(2) MBO

MBO価格の適正性に関して取締役の第三者に対する責任が争われた事例において、企業価値を適正に反映しない買収価格により株主間の公正な企業価値の移転が損なわれたときは、取締役に善管注意義務違反が認められる余地があるとし、また、取締役は株式公開買付けにつき会社として意見表明するときは、株主が株式公開買付けに応じるか否かの意思決定を行う上で適切な情報を開示すべき義務を負っていたと判示した裁判例があります。取締役が、MBOにおいてこれらの義務に違反した場合、株主は直接損害を受けますので、第三者に対する責任を追及できます。

(3) 新株の有利発行

株主総会の特別決議を受けることなく、特に有利な払込金額により新株を発行した場合、株主は直接損害を受けたといえるかが争われています。実際に予定された金銭の払込みがなされている以上、会社に損害は生じていないと考えれば、株主は直接損害を受けたことになります。実際に、株主の第三者に対する責任を認めた裁判例もあります。

Q47 金融商品取引法上の責任

会社が開示した決算等に虚偽記載があった場合、取締役等はどのような責任を負いますか。

---

1 粉飾決算等の責任

上場会社の粉飾決算（不正会計）等が発覚した場合、大きなニュースになりますが、このような場合、役員は、善管注意義務違反等の責任を問われる可能性があることに加えて、法429条2項および金融商品取引法上の責任も負う可能性があります（なお、民法709条の不法行為責任等も負う可能性があります）。

ここでは、まず金融商品取引法上の責任について説明し、補足的に法429条2項の責任について言及します。

2 発行市場と流通市場

金融商品取引法上の開示は、発行開示と継続開示に大別されます。発行開示は、新株発行など新たに有価証券を発行したり（有価証券の募集）、既存株主が多数の者に対して保有有価証券を売却する場面（有価証券の売出し）でなされる、有価証券届出書の開示および目論見書の交付です。また、継続開示は、有価証券報告書、四半期報告書、臨時報告書などの開示です。

そして、発行市場は、有価証券発行会社や売出人などから直接（または証券会社等を通じて）有価証券を購入する市場で、流通市場は、既発行の有価証券が投資家から投資家に転々と流通・売買される市場のことです。

金融商品取引法は、有価証券届出書等に虚偽の記載があった場合（粉飾決算はその典型例です）、会社や役員が、発行市場や流通市場で有価証券を取得した者（株主等がこれにあたります）に対して責任を負うことを定めています。金融商品取引法上の責任は、多岐に及ぶため、ここでは、役員の民事責任のうち主要なものに限定して、その概要を説明します。

3 発行市場での取得者に対する役員の民事責任

有価証券届出書の重要な事項について虚偽の記載があり、または、記載すべき重要な事項もしくは誤解を生じさせないために必要な重要な事実の記載が欠けているとき（以下「虚偽記載等」といいます）は、有価証券届出書提出時の取締役、会計参与、監査役もしくは執行役またはこれらに準ずる者（以下「役員等」といいます）は、当該有価証券を募集または売出しに応じて取得した者（発行市場で取得した者）に対し、損害賠償責任を負います（金商法21条1項1号）。

ただし、有価証券の取得者が虚偽記載等を知っていたときは、かかる責任は発生しません（同項ただし書）。

また、役員等が虚偽記載等を知らず、かつ、相当な注意を用いたにもかかわらず知ることができなかったことを証明したときは、免責されるとされています（金商法21条2項1号、無過失の抗弁）。発行会社自体の責任が無過失責任であることとは異なり、過失責任とされていますが、無過失の立証責任は役員等が負います。

4 流通市場での取得者に対する役員の民事責任

有価証券届出書、有価証券報告書、四半期報告書、臨時報告書等の重要な事項について虚偽記載等があったときは、役員等は、虚偽記載等を知らずに有価証券を流通市場で取得した者または処分した者に対して損害賠償責任を負いま

す（金商法 22 条、24 条の 4、24 条の 4 の 7 第 4 項、24 条の 5 第 5 項等）。

　発行市場での責任と同様、虚偽表示等を知らず、かつ、相当な注意を用いたにもかかわらず知ることができなかったことを証明したときは、免責されます（無過失の抗弁）。なお、流通市場での責任に関しては、平成 26 年金商法改正により、発行会社自身の責任も過失責任とされました（同法 21 条の 2 第 2 項）。

5　無過失の抗弁

　役員等が「相当の注意」を用いたかどうかについては、各役員の職務内容や地位に応じて異なると解されています。

　一般的には、代表取締役、財務担当役員等は、「相当の注意」を用いたことを証明するのは極めて困難であるとされています。また、他の役員についても、有価証券届出書・有価証券報告書等の記載の正確性について質問して、正確であるとの回答を得ただけでは「相当の注意」を用いたことにはならず、病気、多忙、会計等への能力不足等も理由にならないとされています。

　このように、役員等に求められる「相当の注意」は、かなり高度なものと考えるべきでしょう。

6　損害額

　金商法は、発行会社が負う責任については、損害額の法定または推定規定等を置いていますが（発行市場に関して金商法 19 条、流通市場に関して同法 21 条の 2 第 1 項・3 項～6 項）、役員等の責任については損害額の法定または推定規定等はありません。

　役員等が負うべき損害賠償責任については、西武鉄道事件判決（最判平成 23・9・13 民集 65 巻 6 号 2511 頁）が示した内容が参考になります。西武鉄道事件の最高裁判決は、上場廃止事由に該当する事実があったにもかかわらず、有価証券報告書等に虚偽の記載をして上記事実を隠蔽したことで上場廃止となった事案について、概要、以下のとおり判示しました。

① 　有価証券報告書等に虚偽の記載がされている上場株式を取引所市場において取得した投資者が、当該虚偽記載がなければこれを取得することはなかったとみるべき場合、当該虚偽記載と相当因果関係のある損害額は、投資者が、(i)当該虚偽記載の公表後において株式を取引所市場において処分したときはその取得価額と処分価額との差額、(ii)株式を保有し続けているときはその取得価額と事実審の口頭弁論終結時の市場価額（上場が廃止された場合にはその非上場株式としての評価額）との差額を、それぞれ基礎とし、経済情勢、市場動向、当該会社の業績等当該虚偽記載に起因しない市

場価額の下落分を上記差額から控除して、これを算定すべきである。

② いわゆる「ろうばい売り」が集中することによる過剰な下落は、有価証券報告書等に虚偽の記載がされ、それが判明することによって通常生ずることが予想される事態であって、これを当該虚偽記載とは無関係な要因に基づく市場価額の変動であるということはできず、当該虚偽記載と相当因果関係のない損害として上記差額から控除することはできないというべきである。

すなわち、虚偽記載がなければこれを取得することはなかったとみるべき場合には、取得価額と処分価額または市場価額との差額が損害額の基礎とされます。

しかし、投資者は株式を処分するかどうかを判断することができるため、保有中の価格変動のリスクは投資者が負うべきものであることから、虚偽記載とは無関係な経済情勢等による価額下落分は、相当因果関係ある損害から控除することとされました。もっとも、ろうばい売りによる下落分は、相当因果関係のある損害とされています。

なお、虚偽記載がなければこれを取得することはなかったとみるべきでない場合については判示しておらず、今後の裁判例等に委ねられています。

7 法429条2項に基づく責任

法429条2項1号ロは、取締役および執行役が、「計算書類及び事業報告並びにこれらの附属明細書並びに臨時計算書類に記載し、又は記録すべき重要な事項についての虚偽の記載又は記録」をしたときは、これによって第三者に生じた損害を賠償する責任を負う旨を定めています。なお、取締役および執行役が虚偽記載について注意を怠らなかったことを証明したときは、免責されます。

このように、有価証券報告書等の虚偽記載にかかる金融商品取引法上の責任と同じように、会社法上の計算書類や事業報告等に虚偽記載があったときは第三者に対し損害賠償責任を負うことになります。

また、金融商品取引法上の発行市場にかかる責任と同じように、取締役および執行役が、「株式、新株予約権、社債若しくは新株予約権付社債を引き受ける者の募集をする際に通知しなければならない重要な事項についての虚偽の通知又は当該募集のための当該株式会社の事業その他の事項に関する説明に用いた資料についての虚偽の記載若しくは記録」をした場合の責任も定められています（法429条2項1号イ）。

これらの責任にかかる損害額についても、上記の西武鉄道事件判決が参考に

なるものと考えられます。

8 株主代表訴訟

Q48 株主代表訴訟

株主代表訴訟の手続の流れはどのように定められていますか。

1 趣旨

取締役に善管注意義務違反等があった場合、会社は取締役の責任を追及する訴訟を提起すべきですが、会社がその訴訟提起を怠るおそれがありますので、株主が会社のために取締役に対し訴訟を提起することが認められています。

2 提訴請求

訴えを提起しようとする株主（ただし、公開会社の場合は、6か月前から引き続き株式を保有する株主に限ります）は、会社に対し、①被告となるべき者、②請求の趣旨および請求を特定するのに必要な事実を記載した書面の提出または当該事項の電磁的方法による提供を行わなければなりません（法847条1項・2項、施217条）。これは、当該会社に、責任追及訴訟を提起するか否かの判断機会を与えるためです。

取締役に対する提訴請求の名宛人は、監査役設置会社の場合は監査役（法386条2項1号）、監査等委員会設置会社の場合は監査等委員（法399条の7第5項1号）、指名委員会等設置会社の場合は監査委員（法408条5項1号）となります。

提訴請求を受けた会社は、取締役の責任の有無について調査を行いますが、その場合、第三者委員会等の中立的な第三者に調査を委託することも考えられます。

会社が提訴請求の日から60日以内に訴えを提起しない場合、株主は株主代表訴訟を提起することができます（法847条3項）。

その場合、会社は、請求をした株主または請求対象者である取締役から請求を受けたときは、遅滞なく、①調査の内容（判断の基礎資料を含みます）、②責任の有無についての判断およびその理由、③責任があると判断したにもかかわらず訴えを提起しない場合はその理由を記載した書面の提出または当該事項の電磁的方法による提供を行わなければなりません（法847条4項、施218条）。

3 訴えの提起

提訴請求の手続を経たのちに、株主は代表訴訟を提起できますが、その管轄は、会社の本店所在地を管轄する地方裁判所の専属管轄となります（法848条）。

また、訴えの提起時に裁判所に納める費用は、訴額に関係なく、一律1万3000円です。

さらに、訴えの提起が株主の悪意であることが疎明されたときは、裁判所は株主に対し相当の担保を立てるべきことを命ずることができます（法847条の4第2項・3項）。

4 訴訟参加

株主代表訴訟には他の株主も共同訴訟人として参加することができます（法849条1項）。参加の機会を提供するため、株主が訴えを提起した場合は、遅滞なく会社に対しその訴訟の告知をしなければならず（同条4項）、会社がその告知を受けたときは、遅滞なくその旨を公告しまたは株主に通知しなければなりません（同条5項）。

他方、取締役に責任がないと考える会社は、取締役に補助参加することができます（法849条1項）。もっとも、その場合は、監査役設置会社の場合は各監査役の同意が、監査等委員会設置会社の場合は各監査等委員の同意が、指名委員会等設置会社の場合は各監査委員の同意が必要とされています（同条3項）。

5 和解

株主代表訴訟において和解をする場合、総株主の同意は必要ではありません（法850条4項）。

会社が和解の当事者でないときは、裁判所は、会社に対し和解の内容を通知し、かつ、その和解に異議があれば2週間以内に異議を述べるべき旨を催告しなければなりません（法850条2項）。

6 判決

株主が勝訴した場合、株主は会社に対し、訴訟に関し支出した費用または弁護士に支払った報酬の範囲内で相当と認められる額の支払いを請求することができます（法852条1項）。

他方、株主が敗訴した場合、株主は会社に対し、悪意があった場合のみ、損害賠償責任を負います（852条2項）。

Q49　株主の原告適格

　どのような株主に原告適格が認められるのでしょうか。また、株主でなくなった場合でも原告適格が認められる場合がありますか。

1　継続保有要件

　公開会社の場合、いわゆる会社荒しを防止するため、6か月前から引き続き株式を有する株主に限定して原告適格を認めています（法847条1項本文）。他方、譲渡制限会社においては、株主はあらかじめ承諾された者ばかりですので、継続保有要件は定められていません（同条2項）。

　他方、責任原因事実の発生後に株主となった者であっても、継続保有要件を満たせば原告適格を有することになります。もっとも、その事実が他の事情とあいまって、後記3で述べる訴権の濫用を推認させる一事情として考慮されることはあるものと考えられます。

2　単元未満株主

　株主代表訴訟の提訴権限は単独株主権ですので、原則として、1株以上の株式を保有する株主は株主代表訴訟を提起することができます。

　ただし、定款において、単元未満株主は株主代表訴訟を提起できない旨定めた場合（法189条2項）、その単元未満株主には原告適格はありません（法847条1項かっこ書）。

3　訴権の濫用

　株主代表訴訟が、その株主または第三者の不正な利益を図りまたは会社に損害を加えることを目的とする場合は、訴権の濫用といえますので、提訴請求ができません（法847条1項ただし書）。たとえば、訴訟外にて金銭を要求する目的や、事実無根の名誉毀損的主張を行って会社の信用を傷つける目的などで提起する場合がこれにあたります。この場合、そもそも株主代表訴訟は提起できませんが、仮に提起されても訴えは却下されます。

4　株主代表訴訟の係属中に株主でなくなった場合

　株主代表訴訟の係属中に株主でなくなった者は、原則として、原告適格を失い、株主代表訴訟は却下されます。

　ただし、ある会社の原告である株主が、株式交換または株式移転により、その会社の完全親会社の株式を取得した場合や、合併により消滅する会社の株主である原告が、合併により新設会社または存続会社もしくはその完全親会社の

株式を取得した場合、原告適格は失われません（法851条1項）。また、原告たる株主が新たに株主となった完全親会社がさらに株式交換の完全子会社になった場合も同じです（同条2項）。これらの場合、原告たる株主は任意に株主資格を放棄したものではなく、株主代表訴訟の結果により新たに取得した株式の価値が左右される関係が維持されるため、例外規定が定められています。他方、これらの組織再編の対価として金銭等を交付され、存続会社等の株主にならなかったときは、株主代表訴訟の結果がその対価の価値を左右する関係になく、真摯な訴訟追行が期待できないため、原告適格を失います。

5 原告たる株主から株式を取得した者

原告たる株主から相続により株式を承継した者は、包括承継人として株主代表訴訟を承継することができます。

他方、原告たる株主から株式の譲渡を受けた者は、譲渡人の地位を包括的に承継していないこと、6か月の継続保有要件が実質的に潜脱されるおそれがあることから、訴訟承継は認められません。

6 株主代表訴訟提起前に株主でなくなった場合

株主代表訴訟の提起前に株主でなくなった者は、原則として、原告適格を失い、株主代表訴訟を提起することはできません。

ただし、株式交換・株式移転によって会社の完全親会社の株式を取得し、または、三角合併の形の吸収合併によって存続会社の完全親会社の株式を取得した株主は、その効力発生前に原因が生じた元の会社の取締役の責任について、責任追及の訴えを提起できます（法847条の2）。これは、企業集団の親会社株主の権限強化の一環として定められたものです。なお、株主代表訴訟の係属中に株主でなくなった場合と異なり、吸収合併により存続会社の株式を取得した消滅会社株主の帰趨について明文の定めがありませんが、三角合併について提訴が認められる以上、それ以外の合併の場合には当然に提訴が認められることを意味しています。

Q50 多重代表訴訟

親会社の株主が子会社の取締役の責任を追及できるのはどのような場合ですか。

1 趣旨

持株会社などの企業集団において、巨大な完全子会社の取締役によって主要

な業務執行が行われているケースが増加しており、完全子会社の取締役の任務懈怠によって親会社株主の株式の価値が左右されるおそれがあります。このような場合、唯一の株主である親会社がその責任を追及すべきですが、身内意識から適切な責任追及が期待できないという構造的問題があるため、親会社株主の権限強化の一環として、親会社株主が子会社取締役の責任を直接追及する制度が定められました。

これを、多重代表訴訟（最終完全親会社等の株主による特定責任追及の訴え）といいます。

2　原告適格

多重代表訴訟の原告になれる株主は、6か月前から引き続き最終完全親会社等の総株主の議決権の1%以上の議決権を有する株主またはその発行済株式の1%以上を有する株主です（法847条の3第1項）。なお、最終完全親会社等が公開会社でない場合は6か月の継続保有要件は不要です（同条6項）。このように多重代表訴訟を提起できる権利は、単独株主権ではなく、少数株主権とされています。

また、ここに最終完全親会社等というのは、当該会社の完全親会社等であって、自己の完全親会社等がないものをいいます。さらに、完全親会社等というのは、直接保有の場合（親会社単独で保有している場合）のみならず、間接保有の場合（完全子会社等を通じて保有している場合）を含みます（法847条の3第2項、847条の2第1項、施218条の3）。

このように、多重代表訴訟においては完全親子会社関係が要件とされているため、提訴後に少数株主が生じて完全親子会社関係が崩れた場合、原告適格は失われ、訴えは却下されます。もっとも、その少数株主が株主代表訴訟を提起せず、もっぱら原告適格の消滅を企図した潜脱的な株式譲渡の場合は解釈による救済の余地が出てくるものと考えられます。

3　特定責任

多重代表訴訟において追及できる責任は特定責任とされています。特定責任とは、当該会社の取締役の責任の原因となった事実が生じた日において、最終完全親会社等およびその完全子会社等における当該会社の株式の帳簿価額が、最終完全親会社等の総資産額の5分の1を超える場合における、当該会社の取締役の責任をいいます（法847条の3第4項）。このように、多重代表訴訟において追及できる取締役は、親会社の取締役に相当しうるような重要な子会社の取締役に限定されています。

110　第2編　Q&A　第1章　取締役

重要な子会社が外国会社である場合が想定されますが、多重代表訴訟の対象となる子会社は日本法人に限定されると解されています。

また、5分の1基準は、責任原因事実が生じた日において必要とされる要件であり、提訴の段階では必要とされない要件であると解されます。

4　訴えを提起できない場合

最終完全親会社等の株主は、①特定責任追及の訴えが当該株主もしくは第三者の不正な利益を図りまたは当該株式会社もしくは当該最終完全親会社等に損害を加えることを目的とする場合、または、②当該特定責任の原因となった事実によって当該最終完全親会社等に損害が生じていない場合、訴えを提起することはできません（法847条の3第1項）。①については、株主代表訴訟においても同様の定めがありましたが（**Q49**の3）、②は特定責任追及の訴えに特有の要件です。これは、たとえば、最終完全親会社等が当該子会社から利益を得た場合や子会社間で利益の移転があった場合のように、当該子会社単体では損害が生じたとしても、最終完全親会社等には損害が生じていない場合は訴えの対象とはならないことを定めたものです。

9　取締役の報酬

Q51　報酬の概念

取締役の報酬の概念には、どのようなものが含まれますか。

1　問題の所在

取締役と会社は委任関係にあり（法330条、民法643条）、受任者は原則として無報酬とされていますが（民法648条1項）、実務上は、取締役は会社との間の任用契約に基づき、何らかの報酬を得るのが通常です。この取締役の報酬について、会社法は、「報酬、賞与その他の職務執行の対価として株式会社から受ける財産上の利益」を「報酬等」と定義し（法361条1項）、後述のとおり、その決定方法（**Q52**）や開示（**Q61**）についての規制を置いています。したがって、報酬等に該当するか否かは、そのような決定方法や開示についての会社法上の規制対象となるかどうかの分水嶺となります。

2 報酬等の概念

(1) 職務執行の対価

まず、「職務執行の対価として株式会社から受ける財産上の利益」であれば、名目のいかんを問わず、すべて報酬等に含まれることになります。もっとも、報酬等に該当するのは、取締役の「職務執行の対価」としての財産上の利益だけであり、「職務執行の対価」としての性質を有しなければ、報酬等にはあたりません。

そこで問題となるのは、取締役の職務執行に必要な費用との区別です。一般的に、職務との関連性、職務執行のための必要性、および取締役が職務を離れて私的な便益を受けているか、といった観点から判断すべきであるとされており、それらの観点を踏まえつつ、社会通念に従って判断することとなります。

たとえば、地方出張の際の交通費や宿泊費・日当等が報酬等にあたらないのは比較的明らかですが、社有車による送迎、秘書、執務室の提供、ロータリークラブなど社交団体の入会金その他の費用負担、護衛や警備員の配置、各種クラブの会員権や専用車の支給といった判断の困難なものもあります。結局は社会通念に基づいて総合的に判断するほかありませんが、これらのうち、各種クラブの会員権や専用車の支給は、職務を離れて私的に使用できるものについては報酬等に該当するし、会社による家賃補助や社宅の廉価での提供も、職務上の必要性に基づく一定の場合等を除き、居住利益という私的な便益を享受するものですので、報酬等に該当すると考えられます。

(2) 取締役の責任追及に係る費用負担

取締役が職務執行に関連して第三者から損害賠償責任を追及され、あるいは株主代表訴訟により会社に対する損害賠償責任を追及された場合の争訟費用や敗訴の際の賠償額の負担についてはどうでしょうか。

取締役が勝訴した場合の争訟費用については、受任者が「委任事務を処理するため自己に過失なく損害を受けたとき」（民法650条3項）にあたるとして、当然に会社への求償を認める説が有力です。この場合、そもそも報酬規制は及ばず、支出に際して株主総会決議等の特別な手続は不要です。

これに対し、取締役が敗訴した場合については、まず、会社が報酬規制に従って、定款または株主総会決議に基づき、争訟費用や賠償額に相当する額を通常の報酬に上乗せして支払うことは可能と解されています。

さらに進んで、報酬規制に従うことなく、取締役会決議に基づいて争訟費用や賠償額を支出することは可能でしょうか。この点については、第三者からの

責任追及訴訟で敗訴した場合と株主代表訴訟で敗訴した場合を分けて考えることになります。

まず、第三者から責任追及を受けて敗訴した場合、少なくともそれが取締役の過失によるものである（故意重過失ではない）限り、争訟費用と賠償額のいずれについても、広い意味での職務執行のための費用にあたるとして、会社はこれを取締役会決議に基づき負担することが可能と解されています。

次に、株主代表訴訟で敗訴した場合、争訟費用については、同じく、少なくともそれが取締役の過失によるものである（故意重過失ではない）限り、職務執行のための費用にあたるとして、会社は取締役会決議に基づきこれを負担することは可能と解する余地がありますが、賠償額については、役員等の責任免除規定（法424条～427条）との関係で取締役会決議によって負担することはできないと解されています。

以上の考え方を表に整理すると、以下のとおりとなります。

訴訟種別	費目	勝訴の場合	敗訴の場合
第三者からの責任追及訴訟	争訟費用	負担可（民法650条3項）	故意重過失でない限り、職務執行の費用として、取締役会決議で負担可
	賠償額		
株主代表訴訟	争訟費用	負担可（民法650条3項）	故意重過失でない限り、職務執行の費用として、取締役会決議で負担可
	賠償額		責任免除規定（法424条～427条）との関係で、取締役会決議では負担不可

＊敗訴の場合でも、定款または株主総会決議による争訟費用および賠償額の負担は可能。

以上に関連して、D&O保険（会社役員賠償責任保険）に係る費用負担についても、同様の問題がありますが、目下のところは、実務的には基本契約部分の保険料は取締役の職務執行に必要な費用として扱い、株主代表訴訟特約部分の保険料については、取締役の個人負担としている場合が多いと考えられます。

3　報酬等の種類

(1)　総論

前述のとおり、名目のいかんを問わず、取締役の職務執行の対価として会社

から受ける「財産上の利益」であれば、金銭・非金銭、固定・変動のいずれであっても報酬等に該当します。わが国では伝統的に、取締役の報酬等は、月額の定額報酬（俸給）、賞与および退職慰労金からなっていると考えられますが、後述（**Q59**、**Q60**）のとおり、上場会社を中心に、ストック・オプション等の非金銭報酬や業績連動報酬を採用する例が増えています。

(2) 報酬等への該当性が問題となるもの

報酬等への該当性が問題となるものとしては、使用人兼務取締役の使用人分の給与、子会社兼務役員の報酬、賞与、退職慰労金、弔慰金、ストック・オプション等がありますが、それらにまつわる問題については、**Q54**〜**Q59**で解説します。

Q52　報酬の決定方法

報酬の決定方法は、監査役会設置会社、指名委員会等設置会社、監査等委員会設置会社において、それぞれどのように定められているのでしょうか。

1　報酬等の決定方法についての規制の概要

(1) 決定機関についての規制

監査役会設置会社および監査等委員会設置会社の取締役の報酬等については、所定の事項を定款または株主総会決議（普通決議、法309条1項）で定める必要があります（法361条1項）。他方、指名委員会等設置会社においては、報酬委員会が取締役の報酬等の内容を決定することとされており（法404条3項）、株主総会決議は不要です。

(2) 規制の趣旨

取締役と会社は委任関係にあり（法330条、民法643条）、取締役の報酬等とは、受任者としての職務執行の対価であるところ（法361条1項）、委任者である会社が受任者である取締役の職務執行に対して、いくらの対価を支払うのかという意思決定は、会社が当事者となる一般的な契約の対価を決定するのと同様に、本来は会社の業務執行に属する事項であり、特段の規制を行わない限り、取締役会の権限に属することとなります。

しかし、それでは取締役同士の馴れ合いによって報酬額をつり上げる弊害が生じることから、「お手盛り防止」のために政策的に定款または株主総会決議による定めを要求したと考えるのが判例・多数説です。このように「お手盛り防止」のために決定方法についての規制を置いてはいるものの、会社法上、ど

114 第2編 Q&A 第1章 取締役

ういった報酬等を定めるかの報酬方針の中身、報酬等の構成・配分、どの程度の額とするかという報酬水準のいずれについても、特に規制はありません。

もっとも、主に上場会社を対象とした議論ですが、わが国の経営者報酬の水準は欧米諸国と比較して低く、かつ中長期的な業績向上へのインセンティブとして十分に機能していないという指摘がつとになされているところ、コーポレートガバナンス・コードの原則4-2の第2段落は、「経営陣の報酬については、中長期的な会社の業績や潜在的リスクを反映させ、健全な企業家精神の発揮に資するようなインセンティブ付けを行うべきである」とし、これに続く補充原則4-2①は、「経営陣の報酬は、持続的な成長に向けた健全なインセンティブの1つとして機能するよう、中長期的な業績と連動する報酬の割合や、現金報酬と自社株報酬との割合を適切に設定すべきである」としています。

このように、取締役の報酬制度をめぐっては、伝統的な「お手盛り防止」という制度趣旨に基づく検討だけでなく、経営陣に対する適切なインセンティブの付与という観点からの検討が必須となっていることに留意が必要です。

2 監査役会設置会社における決定方法および決定事項

⑴ 決定すべき事項

監査役会設置会社においては、報酬等のうち、①固定報酬については「その額」を、②変動報酬については「その具体的な算定方法」を、さらに、③非金銭報酬については「その具体的な内容」をそれぞれ定款または株主総会決議で定める必要があります。

①の「その額」については、取締役の個人別の報酬額を定めることも可能ですが、取締役全員の報酬総額の最高限度を定めて、各取締役に対する配分は取締役会の決議に委ねる方式（総額枠方式）が実務上は一般的ですし、判例もこれを認めています。その場合、固定報酬（俸給）、賞与および退職慰労金といった報酬の種別ごとに最高限度額を定めても構いませんし、それらを合算した報酬等の総額について最高限度額を定めても構いません。また、最高限度額は年額、月額、あるいはこれらを併せて定めても構いません。さらに、一度、株主総会で最高限度額を定めれば、これを変更するまでは、新たに株主総会決議を経る必要はないと解されています。

なお、③の非金銭報酬については、条文上は「その具体的な内容」だけを定めれば良いように見えますが、これと併せて①の固定報酬にあたる場合には「その額」または②の変動報酬にあたる場合には「その具体的な算定方法」を定める必要があります。

(2) 株主総会決議に際して開示すべき事項

ア 取締役の説明義務

法 361 条 1 項 2 号の変動報酬または同項 3 号の非金銭報酬について、それ ぞれ所定の事項を定め、あるいはこれを改定する議案を株主総会に提出した取 締役は、当該株主総会において、当該事項を相当とする理由を説明しなければ ならないとされています（同条 4 項）。

イ 株主総会参考書類への記載事項

株主総会において書面または電磁的方法による議決権行使を認める場合、招 集通知に際して、株主に対し、議案等を記載した株主総会参考書類を交付する 必要がありますが（法 301 条、302 条、施 73 条 1 項）、取締役の報酬等に関す る議案を提出する場合には、株主総会参考書類に、①法 361 条 1 項各号の事 項の算定基準、②①の事項を変更する場合には変更の理由、③ 2 人以上の取 締役について定める場合には対象となる取締役の員数等を記載する必要があり ます（施 82 条 1 項 1 号～3 号、82 条の 2 第 1 項 1 号～3 号）。なお、会社が公開 会社であり、かつ取締役の一部が社外取締役である場合、①～③の事項のうち 社外役員に関するものは、それ以外の取締役と区別して記載しなければならな いとされています（施 82 条 3 項）。

さらに、議案が退職慰労金の支給議案である場合には、株主総会参考書類に、 退職する各取締役の略歴を記載する必要があり（施 82 条 1 項 4 号、82 条の 2 第 1 項 4 号）、議案が「役員退職慰労金規程」等の一定の基準に従って退職慰労 金の額を決定することを取締役等に一任するものであるときは、各株主が当該 基準を知ることができるようにするための適切な措置を講じている場合を除き、 株主総会参考書類には、当該基準の内容を記載しなければならないとされてい ます（施 82 条 2 項、82 条の 2 第 2 項）。

3 監査等委員会設置会社における決定方法および決定事項

監査役会設置会社と同様に、法 361 条 1 項 1 号～3 号の事項を定款または 株主総会決議で定める必要がありますが、監査等委員会設置会社においては、 監査等委員である取締役とそれ以外の取締役とを区別して定めなければならな いとされています（同条 2 項）。また、監査等委員である取締役の報酬等が総 額枠方式によって定められた場合、その最高限度内での具体的な配分は、監査 等委員である取締役の協議によって定められます（同条 3 項）。この「協議」 による決定とは、多数決による決定ではなく、全員一致による決定を意味する と解されています。さらに、監査等委員である各取締役には、監査等委員であ

116　第2編　Q&A　第1章　取締役

る取締役の報酬等についての株主総会における意見陳述権が付与されています（同条5項）。これらは、監査等委員である取締役の独立性を確保するために、監査役設置会社の監査役についての仕組み（法387条2項・3項）を参考としたものです。なお、監査等委員会による経営監督機能の一環として、監査等委員会が選定する監査等委員は、株主総会において、監査等委員である取締役以外の取締役の報酬等についての意見陳述権を有しています（法361条6項）。

　その他の点は、上記2において、監査役会設置会社における決定方法および決定事項について述べたところと同様です。

4　指名委員会等設置会社における決定方法および決定事項

　指名委員会等設置会社においては、報酬委員会が取締役の報酬等を決定しますが、報酬委員会では、取締役の「個人別の報酬等の内容」を決定する必要があり（法404条3項）、その決定は報酬委員会であらかじめ方針を定めた上で、当該方針に従ってなされなければならないとされています（法409条1項・2項）。

　指名委員会等設置会社における報酬等の決定方法の詳細については、**Q95** をご参照ください。

Q53　報酬額決定後の不支給・減額

　取締役の報酬を任期中に減額することはできますか。

1　取締役の報酬額決定後の不支給・減額についての判例の考え方

　Q57 でも見るとおり、法361条1項が、取締役の報酬等について、取締役ないし取締役会によるお手盛りの弊害を防止するために、これを定款または株主総会決議で定めることとし、株主の自主的な判断に委ねていることから、定款または株主総会決議（株主総会において報酬等の総額を定め、取締役会において各取締役に対する配分を決議した場合を含みます）によって金額等が定められない限り、取締役の具体的な報酬請求権は発生せず、取締役が会社に報酬等を請求することはできないと解されています。

　逆に、そのようにして取締役の報酬等の額が具体的に定められた場合には、その報酬等の額は、会社と取締役との間の委任契約の契約内容となり、契約当事者である会社と取締役の双方を拘束することから、その後、会社の株主総会が当該取締役の任期中に報酬等について不支給ないし減額することを決議した場合であっても、当該取締役は、これに同意しない限り、すでに具体的に発生

した報酬請求権を失うものではないと解されています。この点は、当該取締役の職務内容に著しい変更があり、それを前提に株主総会決議がなされた場合であっても異ならないと解されています。

したがって、たとえ株主総会において取締役の報酬等を不支給・減額する旨の決議を得たとしても、一方的にそのような措置を取ることは許されないのが原則です。

2 委任契約の内容として一定の場合の不支給・減額合意を認定できる場合

もっとも、会社と取締役との間の委任契約の内容として、一定の場合に報酬等が不支給・減額となる旨の合意が認定できる場合には、当該合意に基づき不支給・減額の措置を取ることは可能と解されています。

また、会社の内規や慣行で、取締役の報酬等が役職ごとに定められており、役職の変更に伴って報酬額も変動する旨定められている場合で、取締役が当該内規や慣行を了知して取締役に就任しているような場合には、そういった内規や慣行による報酬額の変動について取締役も黙示的に同意していると解されることから、そのような事前の黙示的同意を根拠に、役職の変更に伴う報酬額の変動も可能と解されています。

Q54 使用人兼務取締役の給与・子会社役員兼務役員の報酬

使用人兼務取締役の使用人分の給与についても、報酬規制は及びますか。また、子会社役員を兼務する役員の報酬についてはどうでしょうか。

1 使用人兼務取締役の給与

(1) 問題の所在

取締役が、会社との間の雇用契約を維持して、たとえば、執行役員といった使用人としての地位を兼務したまま取締役に就任することは少なくありません。そのような場合の取締役を、一般に使用人兼務取締役といいます。使用人兼務取締役は、使用人としての給与と取締役の職務執行の対価としての報酬等の両方を支給されることになります。この場合、取締役の職務執行の対価として支給される部分が報酬等に該当するのは当然として、使用人としての給与もまた「報酬等」（法361条）に該当するのかどうかが問題となります。

(2) 判例の結論

法361条の前身にあたる旧商法269条に関するものですが、判例は、取締役の報酬額には使用人兼務取締役の使用人分の給与は含まれない旨を明示して、

株主総会において取締役の報酬総額が決議されたのに対し、株主が、そのような株主総会決議は旧商法269条の脱法行為であるなどとして、当該決議の無効確認を請求した事案において、使用人として受ける給与の体系が明確に確立されている場合に、使用人兼務取締役において、別に使用人として給与を受けることを予定しつつ、取締役として受ける報酬額のみを株主総会で決議することとしても、取締役としての実質的な意味における報酬が過多でないかどうかについて株主総会がその監視機能を十分に果たせなくなるとは考えられないから、上記のような株主総会決議は旧商法269条の脱法行為にはあたらないと判示しています。

このように、判例は、一定の条件付きではありますが、使用人兼務取締役の使用人分の給与は「報酬等」にはあたらないとしています。

(3) 使用人分の給与の決定機関

上記のとおり、使用人兼務取締役の使用人分の給与を株主総会決議により定める必要がない場合であっても、当該給与の決定は、会社と取締役との間の利益相反取引（法365条1項、356条1項2号、利益相反取引の詳細についてはQ22～Q32を参照ください）にあたるため、取締役会設置会社においては取締役会の、取締役会非設置会社においては株主総会の承認決議が必要となります。

この点、判例は、使用人としての特定の職務を担当する取締役が、あらかじめ取締役会の承認を得て一般的に定められた給与体系に基づいて給与を受ける場合には、その都度あらためて取締役会の承認を受けることは必要ではないものの、そのような給与体系によらないで、特定の取締役について裁量により個別的に給与の額が定められる場合には、使用人としての職務に不相当な金額が支払われることによって会社に損失を及ぼすおそれがないとはいえないから、具体的に取締役会の承認を受けなければならないと判示しています。

(4) 使用人兼務執行役の場合

Q95の解説にあるとおり、指名委員会等設置会社における取締役および執行役の報酬等の決定権限は、報酬委員会に与えられていますが、執行役が指名委員会等設置会社の支配人その他の使用人を兼ねているときは、そのような使用人兼務執行役の使用人分の給与についても、報酬委員会に決定権限が与えられています（法404条3項）。

2 子会社役員兼務役員の報酬

(1) 問題の所在

親会社の取締役が子会社の取締役を兼務する場合、その取締役に対する報酬

を親会社と子会社それぞれが一定割合ずつ負担することがあります。この場合、具体的な負担の方法としては、①親会社と子会社が各々の負担部分をそれぞれ報酬として当該取締役に支給する方法と、②子会社は無報酬として親会社が子会社の負担部分を含む報酬全額を当該取締役に支払い、子会社は親会社に出向料や経営指導料を支払うという方法があります。これらの場合についても、報酬規制は及ぶのでしょうか。

(2) 報酬規制の適用の有無

まず、①の場合については、親会社と子会社が各々支給する報酬部分についてのみ、それぞれ報酬規制に従えば足り、子会社が支給する報酬部分についてまで、親会社における報酬規制が重ねて及ぶことはありません。次に、②の場合については、子会社の負担部分を含めて、親会社から取締役に対して支払われる報酬全額について、親会社における報酬規制が及ぶことになります。さらに、この場合において、子会社から親会社に支払われる出向料や経営指導料は、子会社における取締役としての職務執行の対価であるから、これもまた「報酬等」に該当し、子会社における株主総会決議が必要と解されます。

Q55 賞与

取締役に賞与を支給する場合、都度、株主総会決議による承認を得る必要がありますか。

1 報酬規制の適用

旧商法の下では、役員に対する賞与は、利益処分の一環として支給されることが一般的であり、そのために、利益処分案の一部として、定時株主総会における決議の対象とされる一方、報酬の支給に関する株主総会の承認決議（旧商法269条）を重ねて得る必要はないと解されていました。

これに対し、会社法の下では、賞与は「報酬等」に含まれることが明示されており（法361条1項）、報酬規制の対象となることに疑問の余地はありません。

2 単年度方式（事前型）と総額枠方式（事後型）

上記のとおり、賞与は報酬等に含まれるものとして、その支給については株主総会決議による承認を得る必要があります。そして、この賞与の支給にかかる株主総会決議は、対象となる事業年度の業績を勘案して、その都度、具体的な支給額を決議する方法（単年度方式、事後型）によることも可能ですし、あ

120 第2編 Q&A 第1章 取締役

らかじめ事業年度ごとの賞与の支給限度額を決議しておいて、具体的な支給額は取締役会決議等に委ねるという方法（総額枠方式、事前型）によることも可能です。

したがって、総額枠方式（事前型）による場合には、取締役に賞与を支給する都度、株主総会決議による承認を得る必要はないことになります。

Q56 退職慰労金・弔慰金

取締役の退職慰労金を支給する際に、どのような点に留意する必要がありますか。また、弔慰金を支払うに際して、どのような点に留意すべきでしょうか。

1 報酬規制の適用の有無

まず、取締役に対する退職慰労金の支給が、「報酬等」（法361条1項）を支給するものであるとして、報酬規制に服するかどうかが問題となります。

この点、退職慰労金は、取締役の退任後に支給されるものではあるものの、取締役の在任中の職務執行の対価として支払われるものである限り、「報酬等」に該当し、その支給には定款の定めまたは株主総会決議が必要であると考えられています。判例も、退職慰労金が在職中の職務執行の対価として支給されるものである場合、報酬規制の適用を受けるものと解しています。したがって、定款の定めや株主総会決議もなく、取締役会決議だけでそのような退職慰労金の支給を決定することはできません。

弔慰金とは、役員または役員であった者が死亡した場合に遺族に対して支払われる金銭です。弔慰金も退職慰労金と同様に、取締役の在任中の職務執行の対価として支払われる場合には「報酬等」に該当し、その支給には定款の定めまたは株主総会決議が必要であると考えられています。在任中の職務執行の対価として支払われたものであるかどうかは、その支給額が社会的儀礼（香典）の範囲を超えるものであるかどうかを、当該会社の規模、当該役員（元役員）の職位や在職年数等から判断することになります。

2 退職慰労金についての一任決議の可否

退職慰労金の支給について報酬規制の適用があり、株主総会決議が必要となる場合、Q52で触れた総額枠方式のように、退任する取締役全員の退職慰労金総額の最高限度を定めて、各人に対する配分は取締役会の決議に委ねる方式が取られるのであれば、特段問題はありません。

しかしながら、実務上は、ある事業年度に退任する取締役の数は通常限られ

ており、退職慰労金総額を株主総会で決議すると、退任する取締役各人に支払われる退職慰労金の額が簡単に分かってしまうことから、支給する退職慰労金総額の最高限度額も定めることなく、「役員退職慰労金規程」等に定められている支給基準に従って支給すること、具体的な支給金額、支給日、支給方法の決定は取締役会に一任する旨の株主総会決議（一任決議）を行うことが一般的です。

　このような一任決議については、旧商法下の判例が、①退職役員に対する退職慰労金の支給に関して、当該会社の慣行や内規によって一定の支給基準が確立されていること、②当該支給基準が株主にも推知しうべきものであること、③当該決議が、黙示的にではあれ、当該支給基準の範囲内で相当な金額を支給すべきとするものであること、といった要件を満たす場合には、報酬規制に反するものではなく有効である旨を判示しています。

　さらに、上記のような一任決議を受けた取締役会が、具体的な支給金額等の決定を代表取締役に再一任することも可能と解されています。

Q57　退職慰労金の不支給・減額

　株主総会で退職慰労金支給について取締役会に一任する旨の決議をした後、退任した取締役の不正行為が発覚した場合、退職慰労金を支給しないことを取締役会で決議することはできますか。

1　退職慰労金請求権の発生要件

　本問を検討する前提として、退任した取締役の退職慰労金請求権の発生要件を検討します。

　この点、判例は、取締役の報酬等について、定款または株主総会決議（株主総会において報酬等の総額を定め、取締役会において各取締役に対する配分を決議した場合を含みます）によって報酬等の額が定められなければ、具体的な報酬請求権は発生せず、取締役は会社に対して報酬等を請求することはできないとしています。そして、退職慰労金も報酬規制に従う以上、役員退職慰労金規程等の内規によって退職慰労金の支給基準が定められている場合であっても、定款の定めまたは株主総会決議がない限り、あるいは不支給の決議がなされた場合には、退任した取締役の退職慰労金請求権は発生しないとしています。

2　一任決議後の不支給・減額

　では、本問のように、株主総会における一任決議後に、退任した取締役の不

正行為が発覚した場合、退職慰労金を支給しないことを取締役会で決議することはできるでしょうか。

まず、退任する取締役に対して退職慰労金を贈呈する旨の決議がなされた場合であっても、それが所定の支給基準に従った具体的な支給金額、支給日、支給方法の決定を取締役会に一任する旨の決議（一任決議）である場合、そのような一任決議を受けた取締役会による決議、さらには取締役会から再一任を受けた代表取締役による具体的な支給金額の決定がなされない限り、退任した取締役の会社に対する退職慰労金請求権は発生しないと考えるのが一般的です。

他方、株主総会における一任決議を受けて、各取締役は、会社に対する善管注意義務等として、委任の趣旨に従った具体的な支給金額等の決定を行うべき義務を負うものと考えられています。したがって、取締役がそのような義務に違反して、正当な理由なく、具体的な支給決議を行わず、あるいは、退職慰労金を支給しない旨の決議を行う等した場合、退任した取締役は、各取締役に対して、退職慰労金相当額の損害賠償請求を行い、会社に対しても、同じく損害賠償請求を行うことができるものと解されています。

以上を前提としつつ、本問を検討すると、まず、所定の支給基準において、退任役員の不正行為が発覚した場合の不支給・減額が定められている場合には、取締役会が当該支給基準に従って不支給・減額を決議することは問題なくできるものと考えられます。さらに進んで、そのような不支給・減額事由の定めがない場合にも、取締役会において不支給・減額を決議することができるかどうかについては、当該一任決議による委任の趣旨に反しない合理的なものである限り許されるものと考えられます。

3 退職慰労金の不支給事案における取締役の救済

上記のとおり、判例上、仮に役員退職慰労金の支給について一定の支給基準が定められている場合であっても、定款または株主総会決議によって退職慰労金の額等が定められなければ、取締役の会社に対する退職慰労金請求権は発生しないと解されています。

もっとも、そのような原則を貫くと、長年の職務を全うして退任した取締役の利益を不当に害する結果となる場合もあるところ、株主総会決議もなく、また当該会社の99％以上の株式を保有する代表者の承諾もない中で退職慰労金が支給され、支給後約1年を経過した後に、会社から当該取締役に対する不当利得返還請求がなされた事案について、当該取締役が従前退職慰労金を支給された退任取締役と同等以上の業績を上げてきたといった事実を前提として、

当該取締役に対して退職慰労金を不支給とすべき合理的な理由がある等の特段の事情がない限り、会社の取締役に対する不当利得返還請求は信義則に反し、権利の濫用として許されないとした判例があります。また、下級審の裁判例ですが、会社が取締役の期待権を侵害したとして、慰謝料請求を認めた事案があります。

Q58　退職慰労金制度の廃止

退職慰労金制度を廃止するに際して、どのような点に留意すべきでしょうか。

1　退職慰労金制度の廃止

近年、上場企業を中心に退職慰労金制度を廃止する傾向が顕著に見られます。

これは、一方では、我が国において支配的な退職慰労金制度が、在任中の月額報酬に在任年数および役位別の係数を乗じて基準額を算出し、一定限度（たとえば30％）での功労加算を行って支給金額を決定するといった業績連動性に乏しいものである点、また在任中の各取締役の月額報酬は正確には明らかにされていないことが通常であり、その結果、退職慰労金の支給額も在任中は明らかとならない場合が通常であるといった不透明性に対して、株主・投資家からの批判が高まったこと、他方、Q57で触れたとおり、たとえ退職慰労金支給規程が定められていても、必要な株主総会決議等がなされない場合には、退任した取締役が退職慰労金の支給を受けられないリスクがあることが広く認識されるようになった結果であるとされています。

2　退職慰労金制度の廃止の決定

まず、退職慰労金制度の廃止の決定については、特に株主総会決議による必要はなく、取締役会において決議すれば足ります。

3　打切り支給

実務上、退職慰労金制度を廃止した場合に、制度廃止までの在任期間に応じた退職慰労金相当額を支給する例が少なくありません。この点、前述のとおり、退職慰労金を贈呈する旨の株主総会決議がなされていない限り、退任する取締役の退職慰労金請求権は発生していませんので、これは会社の法的義務として行われているものではありません。打切り支給にかかる金銭も、退職慰労金であって「報酬等」に該当する場合には、支給のための株主総会決議が当然必要です。この株主総会決議は、退職慰労金制度の廃止時に、打切り支給の対象となる取締役について一括して行うことも可能ですし、各取締役の退任時に個別

に行うことも可能です。

> ### Q59　ストック・オプション
>
> 　取締役にストック・オプションを付与する場合、どのような手続を経る必要がありますか。子会社の取締役についてはどうですか。

1　ストック・オプションとは

　ストック・オプションとは、株式会社が取締役やその他の役職員に対して、あらかじめ定められた行使価格で当該株式会社の株式を取得できる新株予約権を付与するものです。

　たとえば、会社の株価が8000円のときに行使価格8050円の新株予約権を当該会社の取締役に付与した場合、仮に権利行使時の当該会社の株価が1万円になっていれば、当該取締役は新株予約権を行使することにより、1万円の時価を有する株式を取得することができ、行使価格との差額である1950円の利益を得ることが可能となります。会社の株価は、当該会社の業績を反映しているものと考えられますので、当該取締役には、会社の業績向上に向けてのインセンティブが生まれることになります。

　ストック・オプションを取締役の報酬等として付与する場合、会計上は「ストック・オプション等に関する会計基準（企業会計基準第8号）」に基づき、その付与日において算定したストック・オプションの公正な評価額、あるいは、未上場企業については、その本源的価値（算定時点における株式の評価額と行使価格との差額）を費用として計上する必要がありますが、金銭報酬とは異なり、ストック・オプションの付与には現実の会社財産の流出を伴わないため、高額の金銭報酬を支払うことができないベンチャー企業などにおいても広く活用されています。

2　取締役にストック・オプションを付与する場合の手続

⑴　ストック・オプションに対する報酬規制

　会社の取締役に対して、その職務執行の対価として新株予約権を付与する場合、その方法には、①新株予約権を無償で割り当てることにより、職務執行の対価として、新株予約権そのものを付与する方法（現物構成）、②新株予約権の評価額を払込金額として定めた上で、取締役に対して当該払込金額と同額の（金銭）報酬請求権を付与し、当該取締役が当該報酬請求権をもって相殺することにより払込み（法246条2項）を行う方法（相殺構成）、の2つがあります。

①の場合には、付与された新株予約権そのものが、②の場合には、報酬請求権がそれぞれ「報酬等」に該当することになり、将来、新株予約権を行使した際に得られる利益は報酬等には該当しません。

①②のいずれの場合であっても、「報酬等」に該当する以上、定款または株主総会決議により、法361条1項所定の事項を定める必要がありますが、取締役各人ごとに付与する新株予約権の数や額を定める必要はなく、取締役に付与する新株予約権の上限額を、他の報酬種別と別にあるいは併せて定めれば足ります（総額枠方式）。

さらに、①の現物構成の場合、取締役に付与される新株予約権そのものが「報酬等」、さらには、「報酬等のうち金銭でないもの」（非金銭報酬）に該当することになりますので、定款または株主総会決議により、その額または算定方法（法361条1項1号・2号）に加えて、「その具体的な内容」（同3号）を定める必要があります。具体的には、付与される新株予約権の個数の上限、新株予約権の譲渡の可否、行使価格、行使期間、その他の行使条件等を定めることになります。

(2) ストック・オプションに対する有利発行規制

(1)①の現物構成の場合には、無償で新株予約権が付与されることになりますが、取締役の職務執行との対価性がありますので「特に有利な条件」（法238条3項1号）によるものとはいえず、また、(1)②の相殺構成の場合には、新株予約権の公正な評価額を払込価格として、報酬請求権との相殺という方法で当該払込価格の払込みを受けるものであることから、同じく有利発行規制には服さないことになります。

(3) ストック・オプションの付与手続

ア 募集事項の決定

ストック・オプションを付与するためには、取締役会決議（非公開会社の場合は株主総会決議）により、①募集新株予約権の内容および数、②金銭の払込みを要しないこととする場合には、その旨、③②以外の場合には、払込金額またはその算定方法、④割当日、⑤金銭の払込みの期日を定めるときは、その期日（払込期日）を定める必要があります（法238条1項・2項、240条1項）。

①の募集新株予約権の内容については、新株予約権の行使により与えられる株式数、新株予約権の行使期間といった事項が、募集新株予約権の内容として定めるべき事項として法236条1項に列挙されていますが、実務的には、それらの法定事項に加えて、インセンティブとしての効果が適切に発揮されるよ

う、さまざまな権利行使の条件を定めるのが通常です。

　具体的には、付与後、一定期間は権利行使を制限した上で、権利行使時まで継続的に当該会社の取締役として勤務していることを条件とし（継続勤務条件）、株価以外の一定の業績目標の達成を権利行使あるいは権利行使可能な新株予約権の割合の条件とするもの（業績達成条件）等があります。

　②の「金銭の払込みを要しないこととする場合」とは現物方式の場合であり、相殺方式の場合は、ブラック＝ショールズ・モデルや２項モデルといったオプション評価モデルによって算定した新株予約権の公正な評価額を③の払込金額として定め、その払込方法として報酬請求権と相殺されることを定めます。

　イ　適時開示

　アの募集事項を決定した場合、上場企業は証券取引所の規則に従って適時開示が必要となります。

　ウ　発行開示

　公開会社が取締役会決議によって募集事項を決定した場合、割当日の２週間前までに、株主に対し、当該事項を通知または公告する必要があります（法240条２項・３項）。これは、新株予約権の発行が法令または定款に違反する場合、または著しく不公正な方法により行われる場合に認められる、株主の発行差止請求権（法247条）を行使する機会を与えるためです。

　また、新株予約権は金融商品取引法上の「有価証券」（金商法２条１項９号・２項）に該当することから、上場会社等は金融商品取引法上の発行開示に関する規定の適用を受けることになりますが、割当日の２週間前までに、会社が募集事項について金融商品取引法の規定（金商法４条１項～３項）に基づく有価証券届出書、臨時報告書、有価証券報告書または半期報告書等を提出している場合には、上記の通知・公告義務を免除されます（法240条４項、施53条）。

　エ　募集事項の通知、申込み、割当決定

　会社は新株予約権の募集事項を決定した場合、一般的には「募集要項」を作成して新株予約権を付与しようとする取締役に交付し、募集事項その他の事項を通知します（法242条１項）。かかる通知を受けた取締役が申込みを行うと、会社は、申込者の中から募集新株予約権の割当てを受ける者を定め、その者に割り当てる募集新株予約権の数を定める必要があります（法243条１項、割当決定）。この割当決定は、当該新株予約権が、譲渡制限付きのものである場合には、株主総会（取締役会設置会社の場合には取締役会）の決議による必要があります（同条２項２号）。実務上は、募集事項を決定する取締役会決議におい

て、あらかじめ、割当予定どおりの申込みがなされることを条件に、割当内容も決定しておく場合が少なくありません。割当決定がなされた場合、会社は、割当日の前日までに、申込者に対し、当該申込者に割り当てる新株予約権の数を通知する必要があります（同条3項）。

なお、実務的には、上記の「募集要項」、取締役による新株予約権の申込み、割当決定および決定内容の通知を含むものとして、会社と取締役との間で、新株予約権の割当てに関する契約を締結するのが一般的です。

　オ　払込み

現物構成の場合にはそもそも払込みはなされません。相殺構成の場合には、払込期日までに、取締役の会社に対する報酬請求権との相殺の合意（意思表示）がなされる必要があります。

　カ　登記

新株予約権が発行されたときは、2週間以内に新株予約権の内容および数を登記する必要があります（法915条）。

3　子会社の取締役にストック・オプションを付与する場合

2(2)のとおり、会社が自社の取締役に対してストック・オプションを付与する場合、取締役の職務執行との対価性を有していること（現物構成）、新株予約権の公正な評価額について、報酬請求権と相殺する方法による払込みを受けていること（相殺構成）から、有利発行規制の適用はないと解されています。

これに対し、会社と子会社の取締役との間には委任契約関係はないため、会社が子会社の取締役にストック・オプションを付与する場合、これを職務執行の対価であると説明することが可能か問題となります。

この点、子会社の取締役に対するストック・オプションの付与についても、職務執行との何らかの対価性を認めることで、有利発行規制の適用を回避することは可能であるとする考え方もありますが、保守的に判断して、有利発行に関する株主総会決議（法238条2項・3項1号、240条1項、309条2項6号）を得る場合が少なくありません。

Q60　業績連動報酬の概念

業績連動報酬には、どのようなものが含まれますか。

1 業績連動報酬の意義

(1) コーポレートガバナンス・コード等の要請

わが国の経営者報酬については、固定報酬の割合が高く、かつ中長期的な業績向上へのインセンティブとして十分に機能していないという指摘がなされ、これを受けて、平成27年6月1日に施行されたコーポレートガバナンス・コードの原則4-2の第2段落が、「経営陣の報酬については、中長期的な会社の業績や潜在的リスクを反映させ、健全な企業家精神の発揮に資するようなインセンティブ付けを行うべき」とし、これに続く補充原則4-2①が、「経営陣の報酬は、持続的な成長に向けた健全なインセンティブの1つとして機能するよう、中長期的な業績と連動する報酬の割合や、現金報酬と自社株報酬との割合を適切に設定すべき」と要請していることは、Q52ですでに見たとおりです。

(2) 業績連動報酬とは

会社法上、業績連動報酬の定義は特に置かれていません。実務上は、月額報酬のように事業年度開始時点で支給額が固定されておらず、会社の業績に応じて支給額が変動するように設計された報酬類型を指します。

伝統的な業績連動報酬としては、「賞与」と「ストック・オプション（新株予約権）」が存在しますが、前者は一事業年度の業績に基づいて支給される金銭報酬（年次賞与）であるのが一般的であり、その意味で短期的な業績と連動するものといえますし、後者は直接的には株価を維持・上昇させるインセンティブを与えるものであり、会社の業績との連動性が間接的であるほか、当該会社の株価が行使価格を下回っている場合には、権利行使による利益を得ることができないため、株価の下落局面ではインセンティブが働かないという特徴があります。

そこで、株価が下落局面にあるときでもインセンティブとして機能し、中長期の会社の業績に連動するものとして、欧米で普及している Restricted Stock（リストリクテッド・ストック、一定期間の譲渡制限が付された株式報酬）や Performance Share（パフォーマンス・シェア、中長期的な業績目標の達成度合いによって交付される株式報酬）といった株式報酬に注目が集まっています。

(3) 株式報酬型ストック・オプション

上記のような株式報酬と同様の効果を有するものとして、我が国では「株式報酬型ストック・オプション」がすでに広く採用されています。株式報酬型ストック・オプションとは、1株あたりの行使価格を1円とする譲渡制限付き新

株予約権のことで「1円ストック・オプション」とも呼ばれます。行使価格が1円であることから、会社が存続している限り、当該会社の株価が1円を下回ることはないため、この新株予約権は必ず行使されて株式に置き換わることから、経済的には現物株式を付与した場合と同様であり、株価の下落局面においてもインセンティブとして機能することが期待できることになります。

株式報酬型ストック・オプションの中でも広く普及しているのが、新株予約権の権利行使期間を割当日ないし割当日の翌日から20年ないし30年と定めた上で、行使条件として、取締役の地位を喪失した後一定期間（10日程度の短い期間を定める場合が多い）にのみ行使できるものとするものです。このように設計することで、廃止された退職慰労金に代わる退任時報酬としての性格を持たせつつ、取締役の在任期間を通して、一貫して中長期的な業績向上に対するインセンティブを付与することができると考えられています。

なお、株式報酬型ストック・オプションを取締役在任中も行使可能なものとしつつ、中長期の業績達成目標の達成を行使条件とすることにより、パフォーマンス・シェアと同様の効果を有する報酬を設計することも可能であるとされています。

(4) 業績連動型株式報酬制度（株式交付信託）

上記の株式報酬型ストック・オプションは、いわば新株予約権を用いて株式報酬と同様の効果を実現しようとするものであるのに対し、信託を用いた株式報酬制度の採用事例が増えてきています。

その概要は、会社が、①報酬規制にかかる株主総会決議を行った上で、②報酬相当額を信託に拠出して、対象となる取締役を受益者とする信託を設定し、③信託が当該資金を原資に市場等から取得した株式（ないしその換価代金）を、(i)一定期間の経過後、業績等の達成状況に応じて、取締役に交付・支給し（パフォーマンス・シェア型）、または(ii)一定期間の経過により取締役に株式を交付・支給する（リストリクテッド・ストック型）というものです。

(5) その他の業績連動型報酬

その他の業績連動型報酬としては、以下のようなものが存在します。

① 株式取得目的報酬（役員持株会）

会社の株式取得を目的とした金銭報酬を支給するものであり、一般的には月額報酬に上乗せして一定額の株式取得費用が支給され、これを役員持株会に拠出して、役員持株会を通じて自社株を取得するというものです。

130　第2編　Q&A　第1章　取締役

② Stock Appreciation Right（ストック・アプリシエーション・ライト）

　　権利付与時の株価と権利行使時の株価の差額に相当する金銭の受給権を付与するものです。

③ ファントム・ストック

　　仮想的に株式を付与したものとみなし、配当と売却益を現金化して受給する権利を付与するものです。

④ 金銭報酬債権の現物出資スキーム

　　経済産業省が設置した「コーポレート・ガバナンス・システムの在り方に関する研究会」が平成27年7月24日に公表した「コーポレート・ガバナンスの実践——企業価値向上に向けたインセンティブと改革」と題する報告書の別紙3「法的論点に関する解釈指針」において考え方が紹介されているものであり、今後の実務に定着するかどうかが注目されます。

Q61　報酬等の開示

報酬について、事業報告や有価証券報告書において開示する場合の留意点を教えてください。

1　事業報告における開示

(1)　公開会社の開示義務

公開会社は、事業報告において、会社役員に関する事項として、まず、「当該事業年度に係る会社役員の報酬等」を開示する義務があります（施121条4号）。「会社役員」とは、取締役、会計参与、監査役および執行役であり（施2条3項4号）、「報酬等」とはQ51で説明したとおり、月額報酬、賞与、退職慰労金、ストック・オプション等、名目のいかんを問わず、取締役の職務執行の対価として会社から受ける一切の財産上の利益を指します。なお、使用人兼務取締役の使用人分の給与については、同じくQ54で説明したとおり、「報酬等」に含まれないことから、上記の開示義務の対象には含まれないと解されています。

(2)　開示の対象となる報酬等

開示の対象となる報酬等は、上記のとおり「当該事業年度に係る」ものとされていますが、これは、当該事業報告にかかる事業年度中に支払われた報酬等ではなく、当該事業年度における取締役の職務執行に対応するものとして、当

該事業年度に費用として計上される報酬等の開示を求める趣旨です。したがって、たとえば、ある事業年度の賞与が、翌事業年度に支払われる場合、翌事業年度に支払われる予定の賞与を「当該事業年度に係る」報酬等として開示することになります。

上記のような「当該事業年度に係る会社役員の報酬等」（施121条4号）に加えて、「当該事業年度において受け、又は受ける見込みの額が明らかとなった会社役員の報酬等」についても開示する義務が課せられていますが、上記の「当該事業年度に係る」ものとして当該事業年度の事業報告の内容とするものや当該事業年度より以前の事業年度の事業報告においてすでに開示済みのものは重ねて開示する必要はありません（施121条5号）。

(3)　開示の内容および方法

事業報告において開示すべきは、報酬等の「額」であり、非金銭報酬についても、その「額」を開示する必要があります。たとえば、ストック・オプションについては、いわゆるストック・オプション会計基準で当該事業年度に帰属する費用として計上される額を開示すればよいとされています。

「額」を開示する際に、報酬等の種類・内訳を示す必要はないと解されていますが、会社役員の種別（取締役、会計参与、監査役または執行役）ごと、さらに監査等委員会設置会社においては、監査等委員である取締役とそれ以外の取締役ごとに区分して示す必要はあります（施121条4号イ）。また、社外役員がいる場合には、社外役員分を区分して開示する必要があり（施124条1項5号・6号）、社外役員が当該事業年度において、当該会社の親会社または当該親会社の子会社等、あるいは当該会社に親会社がない場合には子会社から、会社役員としての報酬等を受けているときは、その額についても開示する必要があります（同項7号）。

報酬等の額の開示方法については、原則として会社役員の種別ごとの報酬等の「総額」を員数とともに開示すれば足りますが（施121条4号イ）、会社役員の全部について各人ごとの報酬等を開示することも（同号ロ）、一部の会社役員については各人ごとの報酬等を開示し、その他については会社役員の種別ごとの報酬等の総額を員数とともに開示することも可能とされています（同号ハ）。これは社外役員についても同様です（施124条1項5号・6号）。

(4)　報酬方針の開示

Q52で説明したとおり、指名委員会等設置会社は報酬等の額またはその算定方法の決定に関する方針（報酬方針）の決定を義務付けられているのに対し、

132　第2編　Q&A　第1章　取締役

それ以外の会社は報酬方針の決定義務を負いませんが、任意にこれを定めることは可能です。いずれの場合であっても、会社が報酬方針を決定した場合には、「当該方針の決定の方法及びその方針の内容の概要」を事業報告において開示すべきものとされています（施121条6号）。ただし、指名委員会等設置会社以外の会社については、たとえ報酬方針を決定した場合であっても、その開示を省略することができるとされています（同条柱書）。

　なお、コーポレートガバナンス・コードの原則3-1は、「上場会社は、法令に基づく開示を適切に行うことに加え、会社の意思決定の透明性・公正性を確保し、実効的なコーポレートガバナンスを実現するとの観点」から、一定の事項について開示を行い、主体的な情報発信を行うべきであるとして、「(iii) 取締役会が経営陣幹部・取締役の報酬を決定するに当たっての方針と手続」を挙げています。

2　有価証券届出書・同報告書における開示

　上場企業のコーポレートガバナンスに関する開示内容の充実を図るため、平成22年3月31日施行の「企業内容等の開示に関する内閣府令の一部を改正する内閣府令」により、金融商品取引法上の開示義務が強化され、上場企業は、役員報酬に関して、有価証券届出書・同報告書において、以下のような開示を義務付けられています。

① 報酬等の種類別の総額開示

　　事業報告において求められている役員の種別ごとの総額開示にとどまらず、報酬等の種別（基本報酬、ストック・オプション、賞与、退職慰労金等の区分）ごとの総額を開示する必要があります。

② 報酬1億円以上の役員の個別開示

　　有価証券届出書・同報告書を提出する当該会社の役員としての報酬等と主要な連結子会社の役員としての報酬等を合算した額（連結報酬等の額）が1億円以上となる役員については、個別にその報酬等の総額と種別ごとの額を開示する必要があります。

③ 報酬方針の開示

　　報酬方針の開示については、事業報告におけるのとは異なり、指名委員会等設置会社以外の会社についても記載の省略は認められていません。また、報酬方針を定めていない会社は、その旨を記載する必要があります。

10 代表取締役

Q62 社内規則に違反する／取締役会の承認決議を経ない代表取締役の行為の効力

代表取締役が、取締役会規則や職務権限規程等の社内規則に違反した場合、その行為の効力はどうなりますか。

代表取締役が、会社法上、取締役会の承認決議が必要な事項について、取締役会の承認決議を経ずに行為をした場合はどうですか。

1 社内規則に違反する代表取締役の行為の効力

代表取締役は、株式会社の業務に関する一切の裁判上または裁判外の行為をする権限を有しており（法349条4項）、このような権限について社内規則による制限を設けても善意の第三者に対抗することはできません（同条5項）。すなわち、善意の第三者との関係では、当該行為は有効となります。

2 取締役会の承認決議を経ない行為の効力

判例上、取締役会の承認決議を経ずになされた代表取締役の行為の効力は、原則として有効ですが、相手方が決議を経ていないことを知り、または知ることができたときは無効とされています。

また、判例上、取引の無効は原則として会社のみが主張することができ、会社以外の者は、当該会社の取締役会が無効を主張する旨の決議をしている等の特段の事情がない限り、無効を主張することはできないとされています。

3 相手方の主観要件の違い

前段（社内規程違反）の場合、第三者は善意であれば保護されるのに対して、後段（取締役会の決議違反）の場合、第三者は善意・無過失でなければ保護されないことになります。これは、後者は、法令上の権限の制限であるから、相手方に一定の調査義務を負わせることが相当という価値判断に基づくものと考えられます。なお、過失の判断、すなわち調査義務を尽くしたか否かについては、相手方に対する取締役会議事録の写しの徴求の有無等が考慮要素となります。

134 第2編 Q&A 第1章 取締役

Q63 代表印の要否

代表取締役でない者の署名捺印で締結された契約書は有効ですか。

民事実体法上、株式会社の契約書は代表取締役の印で捺印することが義務付けられている訳ではなく、契約書の効力は、実態によって判断されることになります。すなわち、契約書の有効性は、当該株式会社内の決裁基準に基づき、当該契約の締結権限を有する業務執行取締役または重要な使用人が承認しているか否かにより決せられます。そして、権限者が承認している限り、契約書は有効であり、捺印が代表取締役ではなく、当該業務執行取締役等の名義であっても問題はありません。

ただ、会社の契約書は、代表取締役の印、特に会社実印で押捺されている方が、信頼性が高いものと認識されるのが一般的です。民事訴訟法上も、会社の契約書に実印で押捺されている場合は、当該契約書は会社の意思に基づいて作成されたことが推定されます（二段の推定、民事訴訟法 228 条 4 項参照）。

Q64 代表取締役等の肩書と表見代表取締役

会長・社長・専務・常務、CEO や COO といった肩書は、会社法上、どのような意味がありますか。
実際には代表権を有していない取締役に対して、上記のような肩書の使用を認めていた場合、会社はその責任を負いますか。

1 肩書の実務上の意義

(1) 社長、会長

実務上、株式会社の経営トップである代表取締役には「社長」の肩書を付けるのが通常です（なお、慣例上、「取締役社長」と呼称されることもあり、「代表権」が明示されていませんが、このような場合でも、通常、社長は代表権を有していることが当然の前提となっています）。

「会長」には元社長等が、いわば社長の後見役として就任しているような場合が多く、この場合、会長も代表取締役であることの方が多いですが、代表権を有していない場合もあります。最近では、会長に業務執行の監督者としての役割を期待する動きも見られ、この場合、通常、会長は代表権を有しないこととなります。また、取締役会の議長は社長が務めるのが一般的ですが、最近で

は、特に規模の大きい上場会社では、会長が議長を務める例が増えつつあります。

(2) 専務・常務

社長以下の会社の指揮命令系統において、社長に次ぐ職位に「専務」、「専務」に次ぐ職位に「常務」の肩書を付けるのが一般的です。実務上、専務が代表権を有している場合はありますが、「常務」が代表権まで有している場合は必ずしも多くないようです。

従前は、一定の職位にある業務執行取締役の肩書として「専務取締役」、「常務取締役」等と呼称されるのが一般的でしたが、最近は執行役員制度の導入に伴い、取締役たる地位は業務執行の意思決定と監督を担う取締役会の構成員、業務執行者としての地位は執行役員として整理した上で、「専務執行役員」、「常務執行役員」と呼称するケースも増えています。

(3) CEO、COO

米国等においては、経営者の肩書としては、CEO（チーフ・エグゼクティブ・オフィサー、最高経営責任者）や COO（チーフ・オペレーション・オフィサー、最高執行責任者）といった呼称が一般的ですが、近時、日本企業でも、こうした呼称を採用する事例が増えています。

2 肩書の会社法上の意義

会長・社長・専務・常務、CEO や COO といった肩書は、法令上の概念ではなく、会社法上、特段の意義を有していません。

もっとも、定款にこれらの肩書に関する規定を置いた場合は、定款上の根拠を有する役職としての意義を有することになるといえます。たとえば、「取締役会は、専務取締役を選定することができる」といった定款規定を設けた場合は、社長（代表取締役）が取締役会決議によらずに専務取締役を選定することは定款違反となります。

3 表見代表取締役

上述のとおり、「社長」等の肩書は法令上の概念ではなく、代表権の有無と肩書に制度上の対応関係はありません。しかしながら、通常は、社長は代表取締役であることから、株式会社が代表権を有していない者に対して「社長」という肩書を付与していた場合に、当該「社長」と取引をした者は、代表権のある者との取引であると認識するのが当然といえます。そこで、このような名称に対する相手方の信頼を保護する観点から、会社法は、株式会社が、代表取締役以外の取締役に、社長、副社長その他株式会社を代表する権限を有するもの

と認められる名称を付した場合には、当該取締役が行った行為について、善意の第三者に対してその責任を負う（取引の効力が及ぶことを拒否できない）ものとしています（法354条、表見代表取締役）。

旧商法では、表見代表取締役として責任を負う名称として、「社長」「副社長」の他、「専務」「常務」も規定されていました（旧商法262条）。会社法の制定に伴い、これらの文言は削除されましたが、現行法の解釈上、「専務」「常務」も「その他株式会社を代表する権限を有するものと認められる名称」に該当すると考えられています。「会長」も同様です。

また、最近は、CEOやCOOといった肩書の普及に伴い、CEOやCOOは通常、株式会社の代表権を有する者であるとの理解が一般的になりつつあると考えられます。

よって、たとえば、株式会社が、代表権を有しない取締役がCEOと名乗ることを認めていた場合において、同人が権限外の取引を行ったようなときは、法354条に基づく責任を負う可能性が高いといえます。

判例によれば、保護される第三者の範囲は、取引の直接の相手方に限定され、主観要件としては、重過失のないことが必要とされています。また、善意・無重過失の立証責任は会社側にあります。

Q65　代表取締役の第三者に対する損害賠償責任

代表取締役が職務を行うについて第三者に損害を加えた場合、株式会社にはどのような責任が生じますか。

株式会社は、代表取締役その他の代表者（以下、本問において「代表取締役等」といいます）がその職務を行うについて第三者に損害を加えた場合、その損害を賠償する責任を負います（法350条）。

「その他の代表者」とは、たとえば、会社・取締役間の訴訟において会社を代表する監査役、一時代表取締役または代表取締役の権利義務を有する者を指します。

この責任は、代表取締役等が個人として、民法709条に基づく不法行為責任を負うことが前提となっており、第三者は、代表取締役等と会社の双方に対して損害賠償請求をすることができます。その意味で、法350条は、第三者保護のために特に設けられた規定ということができます。

代表取締役等の損害賠償責任と、法350条に基づく株式会社の損害賠償責

任とは、不真正連帯債務の関係になります。

「その職務を行うについて」の意義については、判例・学説上、いわゆる外形理論がとられており、客観的に観察して代表取締役の業務執行の範囲内に属すると認められるか否かにより決まることになります。これは、民法715条1項（使用者責任）における「事業の執行について」と同義であると考えられます。

なお、代表取締役等の行為が外形上は職務の範囲内と認められる場合であっても、第三者が、当該行為が職務の範囲に属さないことについて悪意または重過失がある場合には、株式会社は責任を負わないものと解されています。

法350条に基づく損害賠償責任の消滅時効は3年です（民法724条）。

Q66　代表取締役の権限濫用

代表取締役が権限を濫用した場合、その行為の効力はどうなりますか。

代表権の濫用とは、代表取締役が、その権限の範囲内で、自己または第三者の利益を図るために行った行為を指します。たとえば、代表取締役が、その売却代金を横領する意図に基づいて、会社資産を売却するような場合が挙げられます。

判例は、民法93条ただし書（心裡留保）を類推適用し、当該行為は原則として有効ですが、相手方が、代表取締役の真意を知り、または知ることができたときは無効としています。

判例が心裡留保に関する規定を類推適用するのは、行為者の真意と外見が異なる側面に着目したものということができます。しかしながら、学説は、民法93条ただし書の「表意者の真意」とは、法律行為をなす効果意思を指しており、権限濫用の場合にも、代表取締役は法的効果を会社に帰属させる意思を有していることから、類推の基礎がないとして、判例を批判しています。また、判例によれば、相手方は善意・無過失でなければ保護されないことになりますが、他方で、判例上、利益相反取引の場合には相手方は善意であれば保護されるものとされています。取引の相手方からすれば、権限濫用は外形上、権限の範囲内の行為であり、利益相反取引よりも問題に気づき難い側面があるにもかかわらず、利益相反取引の場合には無過失を要求しない一方で権限濫用の場合に無過失を要求するのは均衡を失するとの批判がなされています。

そこで、学説上は、このような場面では取引の安全をより重視する観点から、

138 第2編 Q&A 第1章 取締役

相手方が善意・無重過失であれば当該取引は有効とする見解が有力です。この学説の理論構成としては、代表取締役による権限濫用行為も権限の範囲内の行為である以上有効ですが、取引の相手方が悪意の場合は、会社に対して権利を主張することは、信義則違反または権利濫用により許されない、とするものです。また、重過失の場合は悪意と同視されることになります。

Q67　代表取締役の解職

代表取締役を解職する場合、どのような点に留意する必要がありますか。

1　代表取締役の解職決議

取締役会は、その決議により代表取締役を解職することができます（法362条2項3号）。

解職事由は法定されておらず、取締役会の多数決原理（過半数の賛成）により代表取締役の解職が可能ですが、解職の場面としては、以下のような場合が挙げられます。

① 会社の業績が不振である場合
② 不祥事を起こした場合
③ その他、代表取締役としての資質を欠くと取締役会が判断した場合
④ 取締役の間で経営方針等について意見の対立がある場合　等

ただ、解職の事実は商業登記簿上も記録に残り、代表取締役本人にとって不名誉であるため、取締役会は、代表取締役の解職が必要と判断した場合であっても、まずは本人に任意の辞職を促すことが多いといえます。

代表取締役が任意の辞職に応じない場合や、経営方針等に関する対立があり、協議によっても解消する見込みがない場合には、取締役会の多数派としては、取締役会決議により、代表取締役を解職することを検討せざるを得ないこととなります。

代表取締役の解職決議を行う際には、解職決議を成立させるに足りる人数の賛同者（取締役）の確保、情報の秘密管理、解職決議に至るまでの審議の進め方等について事前に慎重に検討しておくことが必要となります。また、代表取締役を解職する場合は、通常、後任の代表取締役の選定が必要となります。

上場会社の場合は、代表取締役の異動は適時開示事由であり（有価証券上場規程402条1号aa）、代表取締役の解職の事実を開示すると、関係者にセンセーショナルな話題として受け止められる可能性が高いといえます。そこで、

代表取締役を解職する場合には、その影響を最小限にとどめるべく、解職に至る事情、代表取締役が交替しても経営体制に問題がないこと等について、関係者に対して、迅速かつ適切に説明できるよう準備しておく必要があると考えられます。

2 特別利害関係人

　代表取締役の解職決議を行う取締役会において、代表取締役を特別利害関係人（法369条2項）として扱う必要があるか否かについて、判例は、当該代表取締役が、一切の私心を去って、会社に対して負担する忠実義務に従い公正に議決権を行使することは必ずしも期待しがたく、かえって自己個人の利益を図って行動することすらありうることから、特別利害関係人に該当すると判示しています。

　これに対して、学説上は、特別利害関係人に該当しないとする考え方が有力です。その理由としては、閉鎖型の会社では、代表取締役の解職は、取締役会の監督権限の行使というより、経営方針等をめぐる争いに決着をつける手段として実行される場合が多いこと等が挙げられます。

3 法339条2項の類推適用の可否

　代表取締役が取締役会決議により解職された場合に、法339条2項を類推適用し、解職決議に正当な理由がないとして株式会社に損害賠償請求をすることができるかが問題となりますが、その当否は見解が分かれています。

11 社外取締役

Q68 社外取締役の資格

　社外取締役の資格はどのように定められていますか。

1 社外性要件

　社外取締役に就任するための資格（要件）は以下のとおりです（法2条15号）。

140　第2編　Q&A　第1章　取締役

	要件
1	当該株式会社またはその子会社の業務執行取締役等（業務執行取締役・執行役・支配人その他の使用人）でなく、かつ、その就任前10年間当該株式会社またはその子会社の業務執行取締役等であったことがないこと（同号イ）。
2	就任前10年内のいずれかの時において当該株式会社またはその子会社の取締役・会計参与・監査役であったことがある（業務執行取締役等であったことがあるものを除く）場合は、その就任前10年間当該株式会社またはその子会社の業務執行取締役等であったことがないこと（同号ロ）。
3	当該株式会社の経営を支配している自然人（法2条4号の2ロ、施3条の2第2項）または親会社等の取締役・執行役・支配人その他の使用人でないこと（同号ハ）。
4	当該株式会社の兄弟会社の業務執行取締役等でないこと（同号ニ）。
5	当該株式会社の取締役・執行役・支配人その他の重要な使用人*または経営を支配している自然人の配偶者または2親等内の親族でないこと（同号ホ）。

*　「重要な使用人」とは、執行役員のような取締役や執行役に準ずる地位にあるものとされています。法362条4項3号にも「重要な使用人」という文言が使われていますが、当該文言は、取締役会がその選解任の決定を行うことが必要か否かという観点から解釈されることになります。他方、社外取締役の親族要件（法2条15号ホ）としての「重要な使用人」は、業務執行者等を実効的に監督することを確保する観点から設けられたものであり、法362条4項3号の「重要な使用人」の範囲よりも限定して解釈する余地もあると考えられます。

2　平成26年会社法改正

　平成26年会社法改正以前は、社外取締役の要件は、現在または過去、当該株式会社または子会社の業務執行者になったことがないこと（改正前の法2条15号）、とされていましたが、株式会社の業務執行者に対する社外取締役による実効的な監督を期待する観点から、平成26年会社法改正により、親会社・兄弟会社要件や親族要件が設けられることになりました。

　また、過去に業務執行者であった場合でも一定期間関係が存しない場合には、業務執行者との関係が希薄になり、実効的な監督を期待しうることから、過去要件は10年間に限定されることになりました。

　さらに、就任前10年内に株式会社またはその子会社の業務執行取締役等以外の取締役、監査役であったことがある場合に、当該取締役等の就任前10年間、当該株式会社またはその子会社の業務執行取締役等であったことがないことが要件とされました。当該要件が設けられたのは、たとえば、業務執行取締

役を退任した後に非業務執行取締役に就任し、10年以上経過した後に社外取締役に就任するような場合には社外取締役の機能を十分に果たすことができるほど業務執行者からの影響が希薄化したということはできないからである、とされています。

3　社外取締役の選任の要否

指名委員会等設置会社および監査等委員会設置会社においては、制度上、社外取締役の選任が義務付けられています。これに対して、監査役会設置会社では、社外取締役の選任は義務付けられていませんが、特定監査役会設置会社（施74条の2第2項）では、社外取締役を置いていない場合に、取締役は、当該事業年度に関する定時株主総会において、社外取締役を置くことが相当でない理由を説明すること等が義務付けられています（法327条の2）。

Q69　社外取締役と独立役員の相違点

社外取締役と東京証券取引所が定める独立役員は、どのような点が異なっていますか。

1　独立役員の意義

独立役員とは、一般株主と利益相反が生じるおそれのない社外取締役または社外監査役のことをいいます。上場会社は、上場規則により、一般株主の保護のため、1名以上の独立役員を確保することが義務付けられており（有価証券上場規程436条の2第1項）、この義務（「遵守すべき事項」）に違反した場合は東京証券取引所による措置の対象となります。また、上場会社は、社外取締役である独立役員を少なくとも1名以上確保するよう努めるものとされています（有価証券上場規程445条の4）。これは努力義務（「望まれる事項」）であり、違反しても措置の対象にはなりません。

2　独立性基準

社外取締役が独立役員として指定を受けるための基準（独立性基準）は次のとおりです（上場管理等に関するガイドラインⅢ5.(3)の2）。

号	事由
a	当該会社を主要な取引先とする者もしくはその業務執行者または当該会社の主要な取引先もしくはその業務執行者

b	当該会社から役員報酬以外に多額の金銭その他の財産を得ているコンサルタント、会計専門家または法律専門家（当該財産を得ている者が団体である場合は、当該団体に所属する者）
c	最近において次の(a)～(c)までのいずれかに該当していた者 　(a)　aまたはbに掲げる者 　(b)　当該会社の親会社の業務執行者・非業務執行取締役 　(c)　当該会社の兄弟会社の業務執行者
d	次の(a)～(f)までのいずれかに掲げる者（重要でない者を除く）の近親者 　(a)　a～cまでに掲げる者 　(b)　（独立役員である社外監査役に限定したルールであるため、省略） 　(c)　当該会社の子会社の業務執行者 　(d)　当該会社の親会社の業務執行者・非業務執行取締役 　(e)　当該会社の兄弟会社の業務執行者 　(f)　最近において(b)、(c)または当該会社の業務執行者に該当していた者

3　独立役員という「上乗せ規制」が存する意義

　上述のとおり、社外取締役と独立役員では就任または指定要件に相違があり、独立役員は社外取締役（社外役員）であることを前提に、独立性の観点から要件を加重したものということができます。東京証券取引所が上場規則により、独立役員という会社法上の社外役員に「上乗せ」規制を設けたのは、経済産業省の企業統治研究会において、コーポレートガバナンスの充実に向けて、利益相反が生じやすい局面では、一般株主保護の観点から、経営陣から独立した者の存在が前提となるとの指摘がなされたことを受けたものです。

　仮に事後的に社外取締役の社外性が欠けていたと判断された場合には、社外取締役の存在を前提とする規定（たとえば、監査等委員会設置会社において、社外取締役が過半数であることを前提に、取締役会の業務執行の決定権限を大幅に代表取締役に移譲していた場合（法399条の13第5項）等）の要件を満たしていなかったことになり、手続の瑕疵等の問題が生じ得ます。このように、法令上の要件である社外性概念は、法的安定性を確保すべく、その要件は形式的に判断できるような規律にすることが望ましいといえます。このような観点からは、取引要件を社外性要件として法定することは難しいことになります。しかし、そのために、たとえば、主要な取引先の業務執行者であっても社外性要件を満たすことになります。

　他方、海外機関投資家等を中心に、社外役員には独立性を求めるべきとの要

請も強いことから、ソフト・ローである上場規則によって、会社法上の社外性要件に、独立性の観点からの「上乗せ規制」が課されたものです。上場規則であれば、独立性基準に実質要件を設けることに特段の支障はないことから、取引要件も判断基準とされています。

4 コーポレートガバナンス・コードとの関係

コーポレートガバナンス・コード原則 4-8 は、上場会社は、独立社外取締役を少なくとも 2 名以上選任することを求めています。コーポレートガバナンス・コードにおいて「独立社外取締役」の定義は置かれていませんが、独立社外取締役の独立性判断基準は、取締役会が、証券取引所が定める独立性基準を踏まえて策定すべき（コーポレートガバナンス・コード原則 4-9）とされていることから、独立役員としての要件を満たしていることが前提と考えられます。その意味では、コーポレートガバナンス・コードは、独立役員である社外取締役を 2 名以上選任することを求めているといえます。

また、コーポレートガバナンス・コード原則 4-8 は、自主的な判断により、少なくとも 3 分の 1 以上の独立社外取締役を選任することが必要と考える上場会社は、そのための取組み方針を開示すべきとしています。

なお、コーポレートガバナンス・コード補充原則 4-8 ①・②は、独立社外取締役が 2 名以上いる場合を想定して、①独立社外者のみを構成員とする会合を定期的に開催する等、独立した客観的な立場に基づく情報交換・認識共有を図るべきこと、②「筆頭独立社外取締役」を決定すること等により、経営陣との連絡・調整や監査役または監査役会との連携に係る体制整備を図るべきことを挙げています。

Q70 社外取締役・独立役員の役割

社外取締役・独立役員にはどのような役割を果たすことが求められていますか。

---

1 独立役員に期待される役割

会社法上、社外取締役が果たす役割について直接定めた規定は設けられていませんが、独立役員については、上場会社の取締役会等における業務執行に係る決定の局面等において、一般株主の利益への配慮がなされるよう、必要な意見を述べる等、一般株主の利益保護を踏まえた行動をとることが期待されていると考えられます（東京証券取引所上場制度整備懇談会「独立役員に期待される役

割」（平成 22 年 3 月 31 日））。

2 コーポレートガバナンス・コードの関係

コーポレートガバナンス・コード原則 4-7 は、独立社外取締役には、以下の役割・責務を果たすことが期待されるとしています。

	役割・責務
1	経営の方針や経営改善について、自らの知見に基づき、会社の持続的な成長を促し中長期的な企業価値の向上を図る、との観点からの助言を行うこと
2	経営陣幹部の選解任その他の取締役会の重要な意思決定を通じ、経営の監督を行うこと
3	会社と経営陣・支配株主等との間の利益相反を監督すること
4	経営陣・支配株主から独立した立場で、少数株主をはじめとするステークホルダーの意見を取締役会に適切に反映させること

さらに、コーポレートガバナンス・コード原則 4-9 は、取締役会は、取締役会における率直・活発で建設的な検討への貢献が期待できる人物を独立社外取締役の候補者として選定するよう努めるべきとしています。

以上より、コーポレートガバナンス・コードの独立社外取締役に関する原則を実施するとした上で、社外取締役を独立役員・独立社外取締役として選任した場合には、当該社外取締役には、上場規則が求める独立役員・独立社外取締役としての役割を果たすことが求められます。特定の役員に対して求められる役割が、当該役員との任用契約の内容を構成し、ひいては善管注意義務の内容にも影響を及ぼしうると考えれば、上述の独立役員・独立社外取締役に求められる役割が社外取締役の責任論に際して検討要素になることも考えられます。

社外取締役を独立役員・独立社外取締役として選任しない場合についても、コーポレートガバナンス・コード原則 4-6 が、上場会社は、取締役会による独立かつ客観的な経営の監督の実効性を確保すべく、業務の執行には携わらない、業務の執行と一定の距離を置く取締役の活用について検討すべきとしていることを踏まえ、経営の監督者としての役割に留意する必要があります。

Q71 社外取締役を置かない場合の説明義務

上場会社が社外取締役を置かない場合の説明義務はどのように定められていますか。

1 「社外取締役を置くことが相当でない理由」の説明

事業年度の末日において、①公開会社であり、②大会社である、③監査役会設置会社であって、④その発行株式について有価証券報告書の提出義務がある会社（特定監査役会設置会社（施74条の2第2項））が社外取締役を置いていない場合には、取締役は、当該事業年度に関する定時株主総会において、社外取締役を置くことが相当でない理由を説明しなければなりません（法327条の2）。

社外取締役を置くことが相当でない理由とは、社外取締役を置くことがかえってその会社にマイナスの影響を及ぼすという事情であると解されています。

社外取締役を置くことが相当でない理由は、取締役会の構成に関わるものであるため、定時株主総会において取締役の選任議案が付議されている場合において、社外取締役を置くことが相当でない理由を説明せず、または虚偽の内容の説明を行った場合には、株主総会の決議方法の法令違反（法831条1項1号）として、取締役の選任決議に取消事由が存すると解される余地もあると考えられます。

また、事業報告および株主総会参考書類においても上記説明に係る記載が必要となります（施74条の2第1項・2項、124条2項）。当該記載は、個々の株式会社の各事業年度または当該時点における事情に応じてしなければならず、また、社外監査役が2名以上あることのみをもって「相当でない理由」とすることはできないものとされています（施74条の2第3項、124条3項）。

2 平成26年会社法改正の趣旨

上述の規制は平成26年会社法改正により導入されたものです。すなわち、平成26年会社法改正の立法過程では、社外取締役の選任義務付けが重要な検討課題とされたところ、コンセンサスが得られなかったために義務付けは見送られましたが、積極・消極双方の立場の合意点として、義務付けに代えて、社外取締役を置くことが相当でない理由の説明義務が課されたものです。

12 取締役に関する登記

Q72 取締役の就任登記時の添付書類

取締役の就任登記を行うには、どのような書類の添付が必要ですか。

1 取締役会設置会社の場合

取締役会設置会社において、取締役の就任登記を行うには、以下の書類が必要です（商登46条2項、54条1項、商登則61条5項）。

① 取締役の選任に係る株主総会の議事録

② 取締役が就任を承諾したことを証する書面

就任承諾書のほか、株主総会議事録において、被選任者が株主総会の席上で就任を承諾した旨の記載がある場合は、当該株主総会議事録を添付書面にすることができます。ただし、③の本人確認の関係で、株主総会議事録には、取締役の氏名だけでなく、住所も記載する必要があります。

③ ②の書面に記載された氏名および住所についての本人確認証明書（住民票等）

その者が再任である場合やその者の印鑑証明書を添付する場合は、不要です。

2 取締役会非設置会社の場合

取締役会非設置会社においては、取締役を選任した株主総会の議事録（上記1①）のほか、取締役個人の印鑑証明書が必要であり、就任承諾書（上記1②）も個人実印で押印することが必要になります（商登則61条2項）。

3 委任状

取締役会設置会社、取締役会非設置会社のいずれの場合であっても、代理人により登記を申請する際は、代理権限を証する書面（商登18条）として、代表取締役が登記所届出印（商登20条）を押印して作成した委任状を添付することが必要です。

Q73 代表取締役の就任登記時の添付書類

代表取締役の就任登記を行うには、どのような書類の添付が必要ですか。

1 取締役会設置会社の場合

取締役会設置会社において、代表取締役の就任登記を行うには、以下の書類が必要です（商登46条2項、54条1項、商登則61条3項・2項）。

① 代表取締役の選定に係る取締役会の議事録

取締役会議事録には変更前の代表取締役の登記所届出印（商登20条、以下「会社実印」といいます）が押印されていることが必要であり、会社実印が押印されていない場合は、出席取締役と監査役の全員が個人実印を押印するとともに、その印鑑証明書の添付が必要となります（商登則61条4項3号）。

② 代表取締役が就任を承諾したことを証する書面

代表取締役の個人実印を押捺する必要があることから、議事録ではなく、就任承諾書で対応するのが通常です。

③ ②の書面に押捺された印鑑に係る印鑑証明書

2 取締役会非設置会社の場合

取締役会非設置会社においては、代表取締役の選定方法に応じて、以下の書類の添付が必要となります。

(1) 取締役各自が会社を代表する場合（法349条1項）

取締役を選任した株主総会議事録を添付することが必要になります（商登46条2項）。この株主総会議事録には変更前の代表取締役の会社実印が押印されていることが必要であり、会社実印が押印されていない場合は、議長および出席取締役が個人実印を押印するとともに、その印鑑証明書を添付することが必要となります（商登則61条4項1号）。

(2) 定款または株主総会で代表取締役を選定する場合

定款変更の決議または代表取締役を選定した株主総会議事録を添付することが必要になります（商登46条2項）。議事録への押印については(1)と同じです。

(3) 定款で取締役の互選により代表取締役を選定する旨の定めがある場合（法349条3項）

定款（商登則61条1項）ならびに互選を証する取締役の決議書（商登46条1項）を添付することが必要になります。取締役の決議書には、変更前の代表

取締役の会社実印が押印されていることが必要であり、会社実印が押印されていない場合は、取締役が個人実印を押印するとともに、その印鑑証明書を添付することが必要となります（商登則61条4項2号）。また、代表取締役が就任を承諾したことを証する書面を添付することが必要となります。

3 その他

取締役会設置会社、取締役会非設置会社のいずれの場合であっても、代理人により登記を申請する際は、代理権限を証する書面（商登18条）として、会社実印を押印して作成した委任状を添付することが必要です。

なお、代表取締役の就任登記時の添付書類ではありませんが、代表取締役が変更した場合には、新たな代表取締役は、法務局に、印鑑届出書および印鑑証明書を提出することが必要になります（商登20条、商登則9条1項4号・5項1号）。

第2章 取締役会

Q74 取締役会の招集手続

取締役会の招集手続はどのように定められていますか。

1 取締役会の招集権者

　会社法上は、取締役会は、各取締役が招集するものとされており（法366条1項本文）、取締役会を招集する取締役を定款または取締役会（取締役会において定める取締役会規程または取締役会決議）で定めたときは、その取締役が招集するものとされています（同項ただし書）。

　もっとも、多数の上場会社においては、各取締役が自由に取締役会を招集できることとするとかえって混乱が生じうることから、法366条1項ただし書において定められている方法をとっており、定款または取締役会規程において取締役会の招集権者を定め、「代表取締役社長」等を招集権者と定めていることが一般的です。さらに、当該招集権者が欠けたり、事故があったりしたときに備えて当該招集権者の代行者を定めておくことも一般的です。

2 取締役会の招集権者に関するその他の定め

(1) 招集権者以外の取締役の招集請求権

　法366条1項ただし書に基づいて招集権者を定めている場合でも、当該招集権者以外の取締役が、招集権者に対して、取締役会の目的事項（議題）を示して、取締役会の招集を請求することは可能です（同条2項）。

　そして、当該請求日から5日以内に、当該請求日から2週間以内の日を取締役会の日とする取締役会招集通知が発せられない場合、当該請求をした取締役自身が取締役会を招集することができます（同条3項）。

　この招集請求権は、定款または取締役会規程において招集権者とされている取締役（一般的には代表取締役社長）に対する監督権限との関連において行使されることが一般的です。たとえば、代表取締役の違法または不当な職務執行が明らかとなっている場合において、当該代表取締役の解職を議題とする取締役

会の招集を請求するような場合です。このような場合においては、招集請求権は各取締役の権利であると同時に義務でもあると解され、適切にこの権限を行使しなかった取締役については任務懈怠（善管注意義務違反）が問題となりうると解されています。

(2) 監査役・監査等委員の招集請求権

監査役は、取締役が不正行為をし、もしくは、不正行為をするおそれがあると認めるとき、または、法令・定款に違反する事実もしくは著しく不当な事実があると認めるときであって、必要があると認めるときは、取締役（法366条1項ただし書に基づいて招集権者を定めている場合は当該招集権者である取締役）に対し、取締役会の招集を請求することができます（法383条2項）。そして、当該請求日から5日以内に、当該請求日から2週間以内の日を取締役会の日とする取締役会招集通知が発せられない場合、当該請求をした監査役自身が取締役会を招集することができます（同条3項）。

また、監査等委員会設置会社においては、招集権者の定めがある場合であっても、監査等委員会が選定する監査等委員は、取締役会を招集することができます（法399条の14）。

(3) 株主の招集請求権

取締役会設置会社であって、監査役設置会社、監査等委員会設置会社または指名委員会等設置会社のいずれでもない場合において、取締役が会社の目的の範囲外の行為その他法令・定款に違反する行為をし、または、これらの行為をするおそれがあるときは、株主が取締役会を招集することができます（法367条1項）。

3 取締役会の招集手続

取締役会の招集権者は、取締役会の日の1週間（これを下回る期間を定款で定めた場合はその期間）前までに、各取締役および各監査役に対して、取締役会の招集通知を発する必要があります（法368条1項）。

ここでいう「1週間」とは、招集通知を発した日と取締役会の日との間に「中1週間」あることを必要とする点には留意が必要です。したがって、4月9日に取締役会を開催するためには、招集通知を4月2日に発することでは足りず、4月1日に発する必要があります。この場合、招集通知を4月1日に発していれば足り、到達している必要まではありません（いわゆる発信主義）。

なお、1週間を下回る期間を定款で定める例は多くあります。実務上は、3日程度に短縮した上で、さらにそのただし書として、「緊急の必要があるときは、

この期間を短縮することができる」と定める例が多く、このような定めも有効と解されています。この招集通知期間の定めは、招集権者の定めと異なり、定款で定めなければならない（取締役会規程で定めることはできない）点に留意が必要です。

　また、招集通知は取締役全員に発する必要があります。招集通知に取締役会の目的事項（議題）として唯一の決議事項が示されている場合で、当該決議事項について特別利害関係（法369条2項）を有する取締役がいる場合であっても、当該取締役に対する招集通知は必要であると判断した裁判例があります。取締役会においては、招集通知に示された取締役会の目的事項（議題）以外の事項についても審議し、決議することができるからです。

　監査役全員に対しても招集通知を発する必要があります。監査役にも取締役会の出席義務があり、必要があるときの意見表明義務があるからです（法383条1項）。

　招集手続の方式については会社法上の定めはありません。書面による招集通知は当然有効ですが、電子メール、口頭、電話による招集通知も有効です。もっとも、実務上は口頭、電話による招集通知は避けるのが一般的です。

　招集通知の内容についても会社法上の定めはありません。取締役会を開催する日時・場所を招集通知の内容に含めるべきことは性質上当然ですが、取締役会の目的事項（議題）を特定する必要はありません。

　もっとも、取締役会の審議を円滑に進行させ、また、審議を充実させるべく、招集通知に取締役会の目的事項（議題）を示し、可能な限りその説明資料も添付することが望ましいといえます。コーポレートガバナンス・コード補充原則4-12①において、取締役会の審議の活性化のための取組みとして、「(i)取締役会の資料が、会日に十分に先立って配布されるようにすること」が挙げられているのもこの趣旨です。

Q75　取締役会の招集通知が不要な場合

　取締役会の招集通知が不要とされるのは、どのような場合でしょうか。

1　取締役および監査役の全員の同意

　取締役および監査役の全員の同意があるときは、招集通知を発することなく、取締役会を開催することが可能です（法368条2項）。

　よって、取締役および監査役全員が偶然集まっているときに、その全員の同

意を得た上で直ちに取締役会を開催することも可能です。

　ただし、この同意は個々の取締役会ごとに得なければならないと解されています。また、この同意は取締役会が開催される前に得る必要があり、事後の同意で招集手続を省略することはできません。同意の方式については会社法上の定めはなく、口頭による同意も有効であると解されています。

　なお、取締役および監査役の全員の同意を得て取締役会を開催する場合において、同意を得た全員がその取締役会に出席する必要があるわけではなく、通常どおり定足数を満たす取締役が出席すれば取締役会は有効に成立します。

2　定例取締役会

　実務上、取締役会決議によって定例取締役会の年間スケジュールを定める例も多くあります。

　このスケジュールに取締役および監査役全員の同意があるときも、招集通知を発することなく、スケジュールどおりの日時・場所において取締役会を開催することが可能です。

　もっとも、このようなスケジュールを定めた場合であっても、取締役会の審議を円滑に進行させ、また、審議を充実させるべく、取締役会の目的事項（議題）を示した招集通知を発し、可能な限りその説明資料も添付することが望ましいといえます。

　コーポレートガバナンス・コード補充原則4-12①において、取締役会の審議の活性化のための取組みとして、「(i)取締役会の資料が、会日に十分に先立って配布されるようにすること」が挙げられているのもこの趣旨です。

Q76　取締役会の運営

取締役会はどのように運営されていますか。

1　取締役会の開催日

　取締役会の開催日については、後述の開催頻度の点を除いては、会社法上の定めはありません。

　実務上は、定例取締役会については、取締役会決議によって年間スケジュールを定める例が多く、一方、臨時取締役会については、文字通り臨時に随時開催されることになります。

　開催頻度については、会社法上、代表取締役等が3か月に1回以上、職務執行の状況を取締役会に報告しなければなりませんので（法363条2項）、少

なくとも3か月に1回は取締役会を開催することが法の要請ということになりますが、上場会社やそれに準ずる会社においては取締役会の審議事項も多岐にわたることが通常であり、月に1回は開催することが一般的です。

2 取締役会の開催場所

取締役会は自社の会議室で開催することが一般的ですが、必ずしもこれに限るものではなく、任意の場所で開催することが可能です。

電話会議方式やテレビ会議方式による出席も認められていますので（施101条3項1号参照）、必ずしも取締役会の出席者が一堂に会する必要はありません。

3 取締役会の出席者

取締役は取締役会の構成員として取締役会への出席義務を負います。取締役が他人に議決権の代理行使を委任することは認められていませんので、たとえば、同僚である別の取締役に議決権の代理行使を委任することは認められません。

監査役設置会社の監査役も取締役会への出席義務があります（法383条1項）。監査役は必要があると認めるときは意見も述べなければならないこととされています（同項）。

以上の役員のほか、取締役会が認めた上で従業員等が出席することもあります。審議事項に関する担当役員からの説明を補完する目的等で従業員が出席することは一般的であり、このことには会社法上も何ら問題はありません。

上場準備会社においては、ベンチャーキャピタル等の株主が取締役会に取締役ではないオブザーバーを派遣し、経営の進捗状況についてモニタリングすることもあります。

4 取締役会の議長

取締役会の議長については、会社法上の定めはありません。

実務上は、定款や取締役会規則等の社内規程で議長の選定方法を定め、それに則ることが一般的です。

会長や社長が議長となることが多いと思われますが、取締役全員が改選された株主総会直後の取締役会においては、会長、社長等の役付取締役も存在しませんので、取締役の互選によって議長を選定するのが一般的です。

なお、判例上、特別利害関係取締役（法369条2項）が議長を務めることは認められていませんので、この点は留意が必要です。

5 取締役会の議事

取締役会の議事の進め方についても、会社法上の定めはありません。

定款や取締役会規則等の社内規程に議事の進め方を定めている場合にはそれに則り、定めがない場合には会議運営の一般原則に従って議長の裁量で議事を進めることになります。

議事内容としては、報告事項の報告および決議事項の決議がされることになります。

報告事項の報告においては、一方的な報告で終わるのではなく、取締役会によるモニタリングの観点から質疑応答がなされることが一般的です。

決議事項の決議においても、各取締役が決議事項の当否を判断するための情報収集を目的として質疑応答がなされます。質疑応答において十分な回答がなされず、決議事項の当否を判断するための情報が不足していると判断される場合には決議を保留し、次回以降の取締役会に持ち越すこともあります。

6 取締役会の議事録

取締役会終了後、議事録を作成し、出席した取締役・監査役が署名または記名押印することになります（法369条3項）。

作成した議事録は、取締役会の日から10年間、本店に備え置かなければなりません（法371条1項）。

Q77 取締役会の定足数

取締役会を開催するには、何名の取締役が出席する必要がありますか。

1 取締役会の法定の人数

取締役会設置会社においては、取締役は3人以上でなければなりません（法331条5項）。

定款において、取締役の下限・上限の人数を定めることができ、実務上、上限の人数を定める例はよくみられるところです。

2 取締役会の定足数

取締役会の決議は、原則として、議決に加わることができる取締役の過半数が出席し、出席取締役の過半数の賛成によって成立することとされています（法369条1項）。この取締役会の定足数は、定款の定めによって加重することができますが（同項かっこ書）、緩和することはできないと解されています。定足数は議案の審議、議決の全過程を通じて維持されている必要がありますので

（判例）、留意する必要があります。

　なお、定足数算定の基礎となる取締役の数は、原則として現任の取締役の数ですが（判例）、現任の取締役の数が法令・定款に定める取締役の最低人数を下回っているときは、法令・定款に定める最低人数（一般的には3名）が基準となると解されています。

　また、定足数の分母はあくまで「議決に加わることができる取締役」です。したがって、決議について特別の利害関係を有するために議決に加わることができない取締役がいる場合（法369条2項参照）、当該取締役は定足数の分母から除外されることになります。

Q78　招集通知に記載されていない議題の審議の可否

　取締役会では招集通知に記載されていない議題についても審議することができきますか。

1　会社法上の定め

　取締役会の招集通知の内容については、株主総会の招集通知の内容について定めた法299条4項のような会社法上の定めはありません。

　取締役会を開催する日時・場所を招集通知の内容に含めるべきことは性質上当然ですが、一方、取締役会の議題を特定する必要はないと解されています。

　よって、取締役会の招集にあたっては議題を示す必要はなく、取締役会では招集通知に記載されていない議題についても、業務執行の必要に応じて、機動的に付議して審議することが可能です。各取締役は、取締役会にいかなる議題が付議されるかにかかわらず、取締役会に出席する義務がありますので、このように解しても問題はありません。

　なお、招集通知に記載されていない議題が付議されたとしても、当該取締役会において決議するには検討が不十分であると判断されるような場合には、決議を次回以降の取締役会に持ち越すことも当然可能です。

2　望ましい取扱い

　もっとも、取締役会の審議を円滑に進行させ、また、審議を充実させるべく、招集通知に取締役会の目的事項（議題）を示し、さらに、具体的な議案も示した上で、可能な限りその説明資料も添付することが望ましいといえます。

　かかる趣旨から、コーポレートガバナンス・コードでは以下のとおり定められています。

156 第2編 Q&A 第2章 取締役会

コーポレートガバナンス・コード補充原則 4-12 ①

　取締役会は、会議運営に関する下記の取扱いを確保しつつ、その審議の活性化
を図るべきである。
- (ⅰ) 取締役会の資料が、会日に十分に先立って配布されるようにすること
- (ⅱ) 取締役会の資料以外にも、必要に応じ、会社から取締役に対して十分な情
報が（適切な場合には、要点を把握しやすいように整理・分析された形で）
提供されるようにすること
- (ⅲ) 年間の取締役会開催スケジュールや予想される審議事項について決定して
おくこと
- (ⅳ) 審議項目数や開催頻度を適切に設定すること
- (ⅴ) 審議時間を十分に確保すること

3　定款または取締役会の定めがある場合

　会社法の定めは以上のとおりですが、定款または取締役会において、取締役
会の招集通知を発するにあたっては、議題を特定しなければならない旨定める
こともできると解されています。

　しかし、このような定めに基づいて招集された取締役会においても、特定さ
れた議題以外の事項を審議対象とすることは可能であると解されています。

　このような定款または取締役会の定めの趣旨は、議題を事前に示すことに
よって各取締役に審議の準備を促すことにあり、議題を制約することにあるわ
けではないと解されるからです。

Q79　決議事項について賛成と反対が同数の場合

　ある決議事項について賛成と反対の取締役が同数の場合、どうすればよいで
すか。

1　原則

　取締役会の決議は、原則として、議決に加わることができる取締役の過半数
が出席し、その出席取締役の過半数をもって行うこととされています（法369
条1項）。

　よって、ある決議事項について賛成と反対の取締役が同数の場合は、当該決
議事項について決議することができません。

2　議長の決裁権

　定款において「可否同数のときは、議長の決するところによる」旨定めるこ
とによって、賛成と反対の取締役が同数の場合であっても、議長が賛成すれば

決議することはできるでしょうか。

この点について、かつてはこのような定款の定めも有効であるとの見解もありましたが、現在ではこのような定めは決議要件を緩和しているのに等しく、無効であるとの見解が通説となっています。定款の定めによる決議要件の緩和が認められないのは、決議要件の加重のみを認めている法369条1項かっこ書の文言からも明らかです。

3　可否同数の場合の対応

結局、ある決議事項について賛成と反対の取締役が同数の場合、取締役会としては次善の策を検討するほかないと考えられます。

Q80　特別利害関係を有する取締役

特別利害関係取締役とは、どのような場合の取締役をいうのでしょうか。

1　特別利害関係取締役とは

法369条2項は、「前項の決議〔取締役会決議〕について、特別の利害関係を有する取締役は、議決に加わることができない」と定めています。ここでいう「特別の利害関係を有する取締役」がいわゆる特別利害関係取締役です。

2　特別利害関係取締役が存在する場合

特別利害関係取締役の数は、取締役会の定足数・決議要件の数には参入しないこととされています（法369条2項・1項）。

特別利害関係取締役が当該議題について意見を述べる権利があるかについてはこれを肯定する見解も否定する見解もありますが、実務上は、特別利害関係取締役の意見を聴く必要があれば取締役会が承認した上で特別利害関係取締役に意見を述べさせ、決議には参加させないとの取扱いをすることがあります。ただし、特別利害関係取締役は退席を求められた場合には指示に従う必要があると解するべきです。

また、判例上、特別利害関係取締役は当該議題について議長になることはできないとされており、実務上も特別利害関係取締役を議長とすることは避けるべきです。

3　特別利害関係の有無

法369条2項にいう「特別の利害関係」とはいかなる利害関係のことを指すでしょうか。

この点について会社法上の明確な定めはありませんが、一般的には、取締役

が、当該決議について、私心を去って会社に対する忠実義務を誠実に履行することが定型的に困難と認められる個人的利害関係または会社外の利害関係を意味すると解されています。

具体的には、以下のような場合の該当取締役が特別利害関係取締役に該当すると解されています。

① 取締役の競業取引について取締役会が承認するとき（法365条1項、356条1項1号）
② 取締役と会社間の取引等の利益相反取引について取締役会が承認するとき（法365条1項、356条1項2号・3号）
③ 取締役と会社との間の訴えにおける会社代表者の選任（法364条、353条）
④ 取締役が譲渡の当事者となる譲渡制限株式の譲渡について取締役会が承認するとき（法139条1項）
⑤ 取締役に対して第三者割当増資をする場合の取締役会決議
⑥ 取締役の対会社責任の一部免除に係る取締役会決議（法426条1項）
⑦ 代表取締役の解職決議における解職対象たる代表取締役（法362条2項3号。判例）

一方、以下のような場合には特別利害関係取締役には該当しないと解されています。

① 代表取締役の選定決議における選定対象たる代表取締役（法362条2項3号）
② いわゆる役付取締役の選定決議における選定対象たる取締役（法363条1項2号）
③ 取締役の具体的な報酬額の決定をする取締役会における報酬の支給対象たる取締役

4 特別利害関係取締役が決議に参加した場合の効力

特別利害関係取締役が決議に参加した場合であっても、特別利害関係取締役を除いてもなお決議要件が満たされていれば決議の効力は妨げられないとする見解もありますが、このような解釈には疑義もあり、決議が無効とされるおそれを否定できません。

したがって、実務上は特別利害関係取締役を決議に参加させないよう徹底する必要があります。

Q81 取締役会の書面決議

取締役会の書面決議をすることができるのはどのような場合ですか。

1 取締役会の書面決議とは

法370条では、「取締役会設置会社は、取締役が取締役会の決議の目的である事項について提案をした場合において、当該提案につき取締役（当該事項について議決に加わることができるものに限る。）の全員が書面又は電磁的記録により同意の意思表示をしたとき（監査役設置会社にあっては、監査役が当該提案について異議を述べたときを除く。）は、当該提案を可決する旨の取締役会の決議があったものとみなす旨を定款で定めることができる」と定められています。

書面決議とは、この法370条に基づく定款の定めを設けた上で、当該定款の定めに基づいて、取締役の全員が書面または電磁的記録によって同意の意思表示をすることによって、実際には取締役会を開催することなく、取締役会の決議があったものと同様の効果を得ることをいいます。

書面決議と呼ぶことが多いですが、取締役会決議があったものと「みなす」点に着目して「みなし決議」と呼ぶこともあります。

2 書面決議をすることができる場合

法370条および同条に基づく定款の定めの要件を満たす限り、書面決議をすることができる場合には特に限定はありません。

書面決議をする場合としては、典型的には、取締役会決議事項について緊急の決議をする必要が生じたが取締役会の開催が困難である場合が挙げられますが、書面決議の要件として、決議の緊急の必要性があることや取締役会の開催が困難であること等は必要ありません。

取締役会の決議を省略することが妥当であると判断すれば、書面決議をすることができます。

ただし、取締役会決議事項は、本来的には取締役会における十分な審議の上で決議すべきものですので、当該決議事項について取締役会を省略して書面決議をすることが妥当か、それとも実際に取締役会を開催して審議を行うことが妥当か、については善管注意義務を尽くして判断する必要があります。安易な書面決議の採用により、取締役会の形骸化を招くことのないように十分留意する必要があります。

3 法370条および定款所定の要件

取締役会の書面決議をするためには、定款の定めが必要となります。

具体的には、監査役を設置している取締役会設置会社であれば、「取締役が取締役会の決議の目的である事項について提案をした場合において、当該提案につき取締役（当該事項について議決に加わることができるものに限る。）の全員が書面又は電磁的記録により同意の意思表示をしたとき（監査役が当該提案について異議を述べたときを除く。）は、当該提案を可決する旨の取締役会の決議があったものとみなす」旨を定款で定めることとなります。

定款の定めを設けた後は、定款の定めのとおり、①取締役が取締役会の決議の目的である事項について提案をし、②当該提案につき議決に加わることのできる取締役の全員が書面または電磁的記録により同意の意思表示をすることによって書面決議ができます。電気的記録による意思表示の方法としては、当該提案に同意する旨記載した電子メールの送信による方法でも足ります。

実務上は、③監査役が当該提案について異議を述べていないことについても、書面または電磁的記録によって確認するのが一般的です（その前提として、監査役に対しても提案の内容を通知しておくことになります）。

なお、監査等委員会設置会社の監査等委員会や指名委員会等設置会社の各委員会では、書面決議は認められていません。

4 書面決議の成立時点

書面決議によって取締役会決議があったものとみなされる時点は、議決に加わることのできる取締役の全員の同意の意思表示が提案者（同意の意思表示の宛先について取締役会規程等で特則が設けられている場合は当該宛先）に到達した時点です。

よって、書面決議の目的である決議事項について、いわゆる「決定事実」として適時開示が必要となる場合は、議決に加わることのできる取締役の中で最後に同意の意思表示をすることとなった取締役の意思表示が提案者に到達した時点以後、直ちに適時開示を実施することとなると考えられます（有価証券上場規程402条等参照）。

5 議事録

書面決議の場合は、いわゆる「議事」は観念できないものの、施行規則101条4項1号に則って取締役会議事録を作成する必要があるとされています。

当該議事録には、①取締役会の決議があったものとみなされた事項の内容、

②①の事項の提案をした取締役の氏名、③取締役会の決議があったものとみなされた日、④議事録の作成に係る職務を行った取締役の氏名を記載する必要があります（同号イ〜ニ）。

Q82　取締役会決議の瑕疵

取締役会決議に瑕疵があった場合、決議の効力はどうなりますか。

1　瑕疵ある取締役会決議の効力

取締役会決議の瑕疵については、株主総会決議に関する決議取消訴訟（法831条1項）、決議不存在確認訴訟（法830条1項）、決議無効確認訴訟（同条2項）のような特別の訴訟制度は設けられていません。

取締役会決議に瑕疵がある場合は、原則として当該決議は無効となり、利害関係人は訴訟によることなく、その無効を主張することが可能です。なお、訴えの利益が認められる場合には、取締役会決議の無効確認訴訟を提起することも可能です。

2　瑕疵が重大でない場合

株主総会決議に関する決議取消訴訟については裁量棄却制度が設けられており、違反事実が重大でなく、かつ、決議に影響を及ぼさない場合は、裁判所は決議取消請求を棄却することが可能です（法831条2項）。

取締役会決議に関しては特別の訴訟制度が設けられていない以上、このような裁量棄却制度に相当する制度も存在しませんが、取締役会決議についても、瑕疵が重大でない場合にまで取締役会決議を無効とする必要はないと解されています。

3　具体例

取締役会決議の瑕疵としては、(1)決議の内容に瑕疵がある場合と(2)決議の手続に瑕疵がある場合があります。

(1)　決議内容の瑕疵

決議の内容に瑕疵がある場合の例としては、決議内容の法令違反、定款違反のほか、株主総会決議への違反があります。

いずれの瑕疵がある場合も原則として決議は無効となると解されます。

(2)　決議の手続の瑕疵

決議の手続に瑕疵がある場合の例としては、招集権者以外による招集、招集通知の期間の不足、招集通知漏れ、定足数不足、特別利害関係を有する取締役

162　第2編　Q&A　第2章　取締役会

の決議への参加等があります。

　これらの瑕疵がある場合も原則として決議は無効となると解されます。

　招集通知漏れに関しては、一部の取締役に対する招集通知漏れがある場合で
も、原則として決議は無効となります。もっとも、取締役、監査役等の関係者
全員が当該取締役会に出席して同意したときは、全員が出席した取締役会とし
て決議も有効となります。事前に関係者全員が当該取締役会の開催に同意した
ときも同様に有効となります。また、招集通知を漏らした対象である取締役が
当該取締役会に出席しても決議の結果に影響がないと認められる特段の事情が
あるときは、当該瑕疵によって決議は無効にならないと解した最高裁判例があ
ります。また、下級審の裁判例では、招集通知を受けなかった取締役がいわゆ
る名目的取締役であった場合や、招集通知を受けなかった取締役がすでに決議
の内容を了解していた場合において、決議は無効にならないと解した例があり
ます。

　監査役に対する招集通知漏れがある場合も、原則として決議は無効になると
解されています。この解釈は、監査役にも取締役会の出席義務があること（法
383条1項）や取締役会の招集手続の省略について監査役の同意が必要とされ
ていること（法368条2項）とも整合的な解釈であると考えられます。

Q83　取締役会議事録の記載事項等

　取締役会議事録の法定記載事項・作成者について、どのように定められてい
ますか。

1　会社法の定め

　取締役会の議事については、施行規則101条で定めるところにより、議事
録を作成する必要があります（法369条3項）。

　そして、議事録が書面で作成されているときは、出席した取締役および監査
役は議事録に署名または記名押印しなければならず（法369条3項）、議事録
が電磁的記録で作成されているときは、出席した取締役および監査役は施行規
則225条1項6号で定める署名または記名押印に代わる措置（電子署名）を
とらなければなりません（法369条4項）。

2　取締役会議事録の必要的記載事項（法定記載事項）

　取締役会議事録の必要的記載事項は施行規則101条3項に定められており、
具体的には以下のとおりです。

① 取締役会が開催された日時・場所（1号）

② 取締役会の議長が存するときは議長の氏名（8号）

③ 取締役会に出席した執行役、会計参与、会計監査人または株主の氏名または名称（7号）

④ 当該場所に存しない取締役、執行役、会計参与、監査役、会計監査人または株主が取締役会に出席した場合における出席方法（1号かっこ書）（テレビ会議等によって取締役会に出席した場合等）

⑤ 議事の経過の要領およびその結果（4号）

⑥ 特別取締役による取締役会であるときはその旨（2号）

⑦ 招集権者の判断によらない招集であるときはその旨（3号。記載内容も同号による）

⑧ 競業取引・利益相反取引に係る事後報告における意見・発言、株主による招集請求に基づいて招集された取締役会または株主自ら招集した取締役会における当該株主の意見、計算書類等を承認する取締役会における会計参与の意見、監査役、監査委員、監査等委員による取締役の不正行為等の報告、監査役の意見（6号）

3　取締役会議事録の任意的記載事項

施行規則101条3項7号（前記2③）からも明らかなとおり、取締役会に出席した取締役と監査役の氏名は必要的記載事項とはされていません。出席した取締役と監査役は議事録に署名または記名押印をしなければならないので（法369条3項）、当該取締役と監査役が取締役会に出席したことは議事録上明らかになるからであると考えられています。

しかし、実務上は取締役会の定足数等を明確にすること等を目的として、出席した取締役と監査役の氏名および出席人数を記載することが一般的です。欠席した取締役と監査役の氏名についても記載する必要はありませんが、欠席した理由を付記して記載する例もあります。

4　取締役会の配布資料の取扱い

取締役会において決議事項の議案説明や報告事項の報告のために配布された資料を議事録に添付する必要があるかどうかについては、会社法・会社法施行規則には特に定められていません。

この点、配布資料のすべてを議事録に添付する必要は必ずしもないと考えられますが、議事の経過の要領およびその結果（前記2⑤）についての記載を明確化するために添付することが望ましい資料もあるものと考えられます。

164 第2編　Q&A　第2章　取締役会

5　取締役会議事録の作成者

株主総会議事録については、議事録の作成に係る職務を行った取締役の氏名を記載する必要がある旨定められていますが（施72条3項6号）、取締役会議事録についてはこれに相当する定めはありません。

取締役会議事録については、出席した取締役と監査役が署名または記名押印をする必要がありますので、かかる署名者が共同して取締役会議事録を作成したものと解するのが一般的です。

6　取締役会議事録の作成時期

取締役会議事録の作成時期について会社法の定めはありませんが、議事録の備置等をする必要もありますので、取締役会終了後合理的な期間内に議事録を作成しなければならないと解されています。

この点、登記の変更等を要することとなる取締役会決議については、登記申請書に議事録を添付する必要が生じることから、遅くとも登記申請期間内（2週間以内。法915条1項）に作成する必要が生じることとなります。

Q84　取締役会の報告事項

取締役会の報告事項としてどのようなものがありますか。

1　定期的な報告義務

代表取締役および業務執行取締役は、3か月に1回以上、自己の職務執行の状況を取締役会に報告しなければなりません（法363条2項）。

業務執行権限を有する取締役に定期的な報告義務を課すことによって、取締役会による監督を適正に機能させるための定めです。

この報告は必ずしも文書による必要はなく、口頭の報告でもよいと解されていますが、取締役の業務執行の状況がよく分かるものである必要があることは当然です。

この定期的な報告は職務執行の監督の観点から重要な意義を有することから、取締役および監査役の全員に通知する方法による報告の省略（法372条1項参照）は認められていません（同条2項）。その結果、この定期的な報告を行うために少なくとも3か月に1回は取締役会を開催する必要があることになります（もっとも、実務上は上場会社やそれに準ずる会社においては、適時適切な意思決定や監督を可能とするため、少なくとも1か月に1回は取締役会を開催すべきと考えられます）。

2 報告事項の内容

代表取締役および業務執行取締役が取締役会において報告事項として報告すべき内容については、後述の法令上の報告事項を除くと、会社法上明示的に定められているわけではありません。

報告事項として報告すべき内容は、取締役会による監督権限が適正に機能するために必要な程度の内容であり、抽象的には、会社の運営、業務、財産等に重大な影響を及ぼしうるものについては報告すべきです。また、特に重要な業務執行についてはその経過や進捗状況についても報告すべきです。

一方、報告を受ける取締役会としても、代表取締役や業務執行取締役による報告のみでは取締役会としての監督が不十分となるおそれがある場合には、取締役会において質問や資料請求を行い、さらなる報告を求めるべきです。

3 法令上の報告事項

(1) 競業取引・利益相反取引に関する報告義務

取締役会設置会社において、競業取引（法356条1項1号）または利益相反取引（同項2号・3号）をした取締役は、当該取引後、遅滞なく、当該取引についての重要な事実を取締役会に報告しなければなりません（法365条2項）。この報告義務の違反には過料の制裁も定められています（法976条23号）。

当該競業取引または利益相反取引について、あらかじめ取締役会の承認を受けていた場合であっても、この報告は必要です。あらかじめ承認を受けた場合でも、実際に行われた取引が承認を受けた範囲内にとどまっているかどうかや、その取引が会社にどのような影響を及ぼすかについて事後的にチェックする必要があるからです。

一方、当該競業取引または利益相反取引について、あらかじめ取締役会の承認を受けていない場合（すなわち、法365条1項、356条1項に違反している場合）には、取引の内容や取引に至る経緯を報告させることにより、取締役会として当該取締役に対する責任追及や取引の無効の主張を行うかの判断材料を得ることになります。

(2) 監査役の報告義務

監査役は、取締役が不正の行為をし、もしくは不正の行為をするおそれがあると認めるとき、または法令・定款に違反する事実もしくは著しく不当な事実があると認めるときは、遅滞なくその旨を取締役（取締役会設置会社においては取締役会）に報告しなければなりません（法382条）。

166　第2編　Q&A　第2章　取締役会

4　取締役会への報告の省略

　取締役、会計参与、監査役または会計監査人が、取締役（監査役設置会社においては取締役および監査役）の全員に対して、取締役会に報告すべき事項を通知したときは、当該事項を取締役会へ報告する必要はありません（法372条1項）。

　競業取引・利益相反取引に関する報告（前述の3(1)）や監査役の報告（前述の3(2)）についてはこの定めによる報告の省略が認められますが、前述のとおり、業務執行取締役による職務執行の状況の報告（前述の1）についてはこの定めによる報告の省略は認められていません。

5　監査役会等に対する報告義務

　なお、取締役は、会社に著しい損害を及ぼすおそれのある事実があることを発見したときは、監査役会設置会社においては監査役会、監査役設置会社においては監査役、いずれも設置していない会社においては株主に、直ちに当該事実を報告しなければなりません（法357条）。

　監査役や株主による適切な権限行使（取締役の行為の差止請求等）の可能性をできるだけ高め、会社に損害が発生することを未然に防止するための定めです。

　この報告義務を果たす場面は必ずしも取締役会に限るものではありませんが、取締役の重要な義務の1つといえます。

Q85　取締役会の決議事項

　取締役会の決議事項はどのように定められているでしょうか（指名委員会等設置会社・監査等委員会設置会社を除く）。

1　一般的な法定決議事項

　指名委員会等設置会社または監査等委員会設置会社ではない取締役会設置会社の取締役会は、その基本的な職務として、「業務執行の決定」を行うこととされています（法362条2項1号）。

　そして、この「業務執行の決定」の中で、「重要な業務執行の決定」に該当するものについては、必ず取締役会で決定しなければならず、個々の取締役に決定を委任することはできないものとされています（法362条4項）。

　ここでいう「重要な業務執行」に該当する事項は同項各号に列挙されていますが、ここで列挙されている事項はあくまで例示であり、これらの事項のほかにも「重要な業務執行」に該当する事項については必ず取締役会で決定しなけ

ればなりません。

法362条4項各号において、重要な業務執行の例示として列挙されている事項は以下のとおりです。

① 重要な財産の処分・譲受け（1号）

② 多額の借財（2号）

③ 支配人その他の重要な使用人の選解任（3号）

④ 支店その他の重要な組織の設置・変更・廃止（4号）

⑤ 社債の募集に関する重要事項（5号）

⑥ 業務の適正を確保するために必要な体制の整備（6号）

⑦ 役員等の責任の一部免除（7号）

2 個別的な法定決議事項

1で述べた一般的な法定決議事項のほかにも、会社法には取締役会の法定決議事項として定められているものが多数あります。

この点、法文上、決定主体が「取締役会」とされているものについては、取締役会が決議する必要があることは当然ですが（たとえば、株主総会の招集の決定に関する法298条4項）、それ以外にも法文上は決定主体が「株式会社」とされているものであっても当該事項が「重要な業務執行」に該当する場合には、1で述べた法定決議事項として取締役会の決議が必要となり得ますので、個別に判断する必要があります（たとえば、基準日の設定に関する法124条1項）。

会社法上、取締役会の個別的な法定決議事項として定められている事項は以下のとおりです。

① 種類株式の細目事項（法108条3項）

② 譲渡制限株式の譲渡等の承認（法139条1項）

③ 譲渡制限株式の指定買取人の指定（法140条5項）

④ 自己株式取得における取得価格等の決定（法157条2項）

⑤ 子会社からの自己株式取得（法163条）

⑥ 市場取引等による自己株式取得（法165条3項）

⑦ 取得条項付株式の取得日の決定（法168条1項）

⑧ 取得条項付株式の取得株式の決定（法169条2項）

⑨ 自己株式の消却（法178条2項）

⑩ 株式分割（法183条2項）

⑪ 株式無償割当て（法186条3項）

⑫ 単元株式数の減少・廃止（法195条1項）

168 第2編 Q&A 第2章 取締役会

⑬ 所在不明株主の有する株式買取りの決定（法197条4項）

⑭ 募集株式の募集事項のうち委任を受けた事項の決定（法200条1項）

⑮ 公開会社における募集株式の募集事項の決定（法201条1項）

⑯ 募集株式の株主割当ての場合の募集事項等の決定（法202条3項）

⑰ 募集株式（譲渡制限株式）の割当ての決定（法204条2項）

⑱ 端数相当株式の買取りの決定（法234条5項）

⑲ 募集新株予約権の募集事項のうち委任を受けた事項の決定（法239条1項）

⑳ 公開会社における募集新株予約権の募集事項の決定（法240条1項）

㉑ 募集新株予約権の株主割当ての場合の募集事項等の決定（法241条3項）

㉒ 募集新株予約権（譲渡制限新株予約権等）の割当て（法243条2項）

㉓ 譲渡制限新株予約権の譲渡等の承認（法265条1項）

㉔ 取得条項付新株予約権の取得日の決定（法273条1項）

㉕ 取得条項付新株予約権の取得における取得する新株予約権の決定（法274条2項）

㉖ 自己新株予約権の消却（法276条2項）

㉗ 新株予約権無償割当て（法278条3項）

㉘ 株主総会の招集に関する事項の決定（法298条4項）

㉙ 代表取締役の選定・解職（法362条2項3号）

㉚ 業務執行取締役の選定（法363条1項2号）

㉛ 会社と取締役との間の訴えにおける会社を代表する者の指定（法364条）

㉜ 競業取引・利益相反取引の承認（法365条1項）

㉝ 取締役会の招集権者の決定（法366条1項ただし書）

㉞ 特別取締役による取締役会についての定め（法373条1項）

㉟ 計算書類・事業報告・附属明細書の承認（法436条3項）

㊱ 臨時計算書類の承認（法441条3項）

㊲ 連結計算書類の承認（法444条5項）

㊳ 一定の場合の資本金の額の減少（法447条3項）

㊴ 一定の場合の準備金の額の減少（法448条3項）

㊵ 中間配当（法454条5項）

㊶ 自己株式の取得（法459条1項1号）（定款で取締役会の権限と定めた場合）

㊷　欠損てん補のための準備金の減少（法459条1項2号）（定款で取締役会の権限と定めた場合）

㊸　剰余金の処分（法459条1項3号）（定款で取締役会の権限と定めた場合）

㊹　剰余金の配当（法459条1項4号）（定款で取締役会の権限と定めた場合）

Q86　取締役会の専決事項

取締役に委任することができない「重要な業務執行の決定」とは、どのようなものをいいますか。

1　会社法の構造

取締役会は、その基本的な職務として、「業務執行の決定」を行うこととされています（法362条2項1号）。

そして、この「業務執行の決定」の中で、「重要な業務執行の決定」に該当するものについては、必ず取締役会で決定しなければならず、個々の取締役に決定を委任することはできないものとされています（法362条4項）。

同項では「重要な業務執行」に該当するものが例示列挙されており、具体的には以下の事項が列挙されています。

①　重要な財産の処分・譲受け（1号）

②　多額の借財（2号）

③　支配人その他の重要な使用人の選解任（3号）

④　支店その他の重要な組織の設置・変更・廃止（4号）

⑤　社債の募集に関する重要事項（5号）

⑥　業務の適正を確保するために必要な体制の整備（6号）

⑦　役員等の責任の一部免除（7号）

2　法362条4項各号（例示列挙事項）該当性の判断

(1)　重要な財産の処分・譲受け（法362条4項1号）

重要な財産の処分・譲受けに該当するか否かについて、判例は、当該財産の価額、その会社の総資産に占める割合、当該財産の保有目的、処分行為の態様および会社における従来の取扱い等の事情を総合的に判断すべきとしています。結局は、具体的事案ごとに種々の要素を考慮した総合的判断に基づいて決定することになります。

なお、重要な財産の処分における「処分」には、売却だけでなく、出資、貸与、担保提供、債権放棄、債務免除等も含まれると解されています。

(2) 多額の借財（法 362 条 4 項 2 号）

多額の借財に該当するか否かについても、前述の重要な財産の処分・譲受け
と同様、結局は、具体的事案ごとに種々の要素を考慮した総合的判断に基づい
て決定することになります。

なお、多額の借財における「借財」には、銀行融資等の借入れが含まれるこ
とは当然ですが、約束手形の振出し、為替手形の引受け、債務保証、保証予約、
デリバティブ取引等も含まれると解されています。

(3) 支配人その他の重要な使用人の選解任（法 362 条 4 項 3 号）

重要な使用人に該当するか否かについても、具体的事案ごとの総合的判断に
基づいて決定することになりますが、各社が任意に設置している執行役員はこ
れに該当すると解されることが一般的です。支店長や本店部長等も重要な使用
人に該当する場合が多いと考えられます。

3 法 362 条 4 項各号（例示列挙事項）以外の事項の「重要な業務執行」の該当性の判断

法 362 条 4 項各号に例示列挙されていない事項が「重要な業務執行」に該
当するか否かについては、会社法上も具体的な定めはなく、各社において解釈
で決定するほかありません。

具体的には、中期経営計画の策定や年間事業計画・予算の決定、経営の根幹
に関わるような M ＆ A や大規模な設備投資等については、経営への影響の重
要性の観点から、「重要な業務執行の決定」に該当するものと解釈すべきと考
えられます。

実務上は、各社において一定の数値基準等を前提とした取締役会付議基準を
定め、その基準に従った運用を行うことが一般的であり、そのような運用は基
準自体が著しく不合理なものでない限り、法的にも妥当な取扱いとして認めら
れるものと考えられます。

4 近時の議論

経済産業省が設置した「コーポレート・ガバナンス・システムの在り方に関
する研究会」は、平成 27 年 7 月 24 日、「コーポレート・ガバナンスの実践
——企業価値向上に向けたインセンティブと改革」と題する報告書を公表しま
した。

同報告書においては、取締役会の役割・機能も踏まえて「重要な業務執行の
決定」の範囲に関する法的解釈を整理する必要性が提唱されています。

そして、同報告書（別紙 3）においては、具体的な解釈指針として、取締役

会の機能として「監督機能（指名や報酬の決定を通じて業務執行を評価することによる監督）」と「意思決定機能（業務執行の具体的な意思決定）」の２つがあることを前提にした上で、取締役会が主として監督機能を果たす場合には、取締役会が主として意思決定機能を果たす場合に比べて、「重要な業務執行の決定」の範囲を限定的に解するべきであるとの見解が示されています。このような見解の根拠としては、取締役会が主として監督機能を果たす場合には、具体的な業務執行の意思決定を行わない方が、具体的な業務執行の意思決定に関与していない客観的な立場から、役員の指名や役員報酬の決定等も含めて業務執行を評価することができるため、監督機能を実効的に果たすことができるとの見解が示されています。

　日本の会社の取締役会は、依然として、主として意思決定機能を果たす場合が多いと思われるため、この報告書に示されているような解釈を直ちに実務に活かすことができるかについては個別具体的な検証が必要になると思われますが、参考になると思われます。

Q87　内部統制システムの決議（その１・決議項目）

　内部統制システムの決議として、どのような事項について決議する必要がありますか。

1　会社法上の内部統制システムとは

　法362条4項6号は、取締役会の専決事項として、「取締役の職務の執行が法令及び定款に適合することを確保するための体制その他株式会社の業務並びに当該株式会社及びその子会社から成る企業集団の業務の適正を確保するために必要なものとして法務省令で定める体制の整備」を挙げています。

　会社法には「内部統制システム」という文言は出てきませんが、ここにいう「体制」が会社法上の内部統制システムのことをいうと考えられています。

2　内部統制システムの決議義務

　内部統制システムの決議はあらゆる株式会社において義務化されているわけではありません。

　会社というものはその成長の過程に応じて内部統制システムが必要になりますので、そのような観点から、会社法は、大会社に該当する会社においては内部統制システムの整備に関する決議を義務化していますが、大会社に該当しない会社においてはその決議は義務化していません（法362条5項）。しかしな

172　第2編　Q&A　第2章　取締役会

がら、判例上、取締役には会社の事業の規模や特性等に応じた内部統制システム構築義務があるとされていることから、大会社に該当しない会社においても、相応の規模になれば、それに応じた内部統制システム構築義務が発生することになります。

なお、監査機能を内部統制システムを通じて果たすことを前提とした機関設計である監査等委員会設置会社および指名委員会等設置会社においては、大会社に該当しない会社においても内部統制システムの整備に関する決議が義務化されています（法399条の13第2項・416条2項）。

3　内部統制システムに関する決議事項

監査役設置会社（監査役会設置会社を含む）の場合の内部統制システムに関する決議事項は以下のとおりです（法362条4項6号、施100条）。

① 取締役の職務の執行が法令および定款に適合することを確保するための体制

② 取締役の職務の執行に係る情報の保存および管理に関する体制

③ 損失の危険の管理に関する規程その他の体制

④ 取締役の職務の執行が効率的に行われることを確保するための体制

⑤ 使用人の職務の執行が法令および定款に適合することを確保するための体制

⑥ 当該会社ならびにその親会社および子会社から成る企業集団における業務の適正を確保するための体制

⑦ 子会社の取締役等の職務の執行に係る事項の当該会社への報告に関する体制

⑧ 子会社の損失の危険の管理に関する規程その他の体制

⑨ 子会社の取締役等の職務の執行が効率的に行われることを確保するための体制

⑩ 子会社の取締役等および使用人の職務の執行が法令および定款に適合することを確保するための体制

⑪ 監査役がその職務を補助すべき使用人を置くことを求めた場合における当該使用人に関する事項

⑫ 当該使用人の当該会社の取締役からの独立性に関する事項

⑬ 監査役のその職務を補助すべき使用人に対する指示の実効性の確保に関する事項

⑭ 取締役および会計参与ならびに使用人が監査役に報告をするための体制

⑮　子会社の取締役、会計参与、監査役、執行役、業務を執行する社員、法598条1項の職務を行うべき者その他これらの者に相当する者および使用人またはこれらの者から報告を受けた者が監査役に報告をするための体制

⑯　⑮の報告をした者が当該報告をしたことを理由として不利な取扱いを受けないことを確保するための体制

⑰　監査役の職務の執行について生ずる費用の前払または償還の手続その他の当該職務の執行について生ずる費用または債務の処理に係る方針に関する事項

⑱　その他監査役の監査が実効的に行われることを確保するための体制

Q88　内部統制システムの決議（その2・決議内容）

内部統制システムとして決議すべき事項について、具体的にはどのような内容を決議していますか。

1　内部統制システムに関する具体的な決議内容

内部統制システムを構築するにあたって決議すべき事項は会社法上明確に定められていますが（**Q87**）、そこで構築すべき内部統制システムの具体的な内容については会社法上は何ら定められていません。

2　内部統制システムに関する決議の具体的内容

そこで、内部統制システムに関する決議の具体的内容は各社において検討する必要がありますが、たとえば、監査役会設置会社における内部統制システムに関する決議内容としては、決議すべき各事項について、以下のような内容に関する決議をすることが考えられます。

(1)　取締役の職務の執行が法令および定款に適合することを確保するための体制

①　会社の業態に応じて生ずる可能性が高い法令違反行為（横領、談合、顧客に対する欺罔ないし脅迫的行為、業績の粉飾等）の把握

②　その典型的な法令違反行為の監視・予防体制（法令遵守マニュアルの作成や使用人間の監督体制）

③　法令違反行為が生じた場合の対処方法・対処機関に関する事項等

(2)　取締役の職務の執行に係る情報の保存および管理に関する体制

①　取締役が意思決定、業務執行、監督を行う場合において、それらの行為をしたことをどのような形で記録として残すか

② その記録を何年間、どこに保存するか

③ その記録を検索し、閲覧するにはどのような方法をとるか

④ 使用人の行為をどのように記録・保存・閲覧するか等

(3) 損失の危険の管理に関する規程その他の体制

① 会社の業態に応じて生ずる可能性があるリスクとして、どのようなものが考えられるか

② リスクの現実化を未然に防止するための手続・機構

③ リスクが現実化した場合の対処方法

④ 当該手続や対処方法を実践するための人的・物的体制等

(4) 取締役の職務の執行が効率的に行われることを確保するための体制

① 取締役が職務執行を行うにあたって必要な手続（決裁・指揮系統等）や職務分担の合理性を検証する体制

② 取締役の職務執行のために必要な使用人の員数の過不足を把握するための体制等

(5) 使用人の職務の執行が法令および定款に適合することを確保するための体制

(1)と同様

(6) 当該会社ならびにその親会社および子会社から成る企業集団における業務の適正を確保するための体制

（当該会社が親会社の場合）

① 子会社の管理する情報へのアクセスや子会社に提供した情報の管理に関する事項

② 子会社における業務の適正確保のための議決権行使の方針

③ 子会社の役員・使用人等を兼任する役員・使用人による子会社との協力体制および子会社の監視体制に関する事項

④ 兼任者・派遣者等の子会社における職務執行の適正確保のための体制

⑤ 子会社に対する架空取引の指示など子会社に対する不当な圧力を防止するための体制

⑥ 子会社との共通ブランドの活用またはそれに伴うリスクに関する事項

⑦ 親会社の監査役と子会社の監査役等との連絡に関する事項等

（当該会社が子会社の場合）

① 親会社の計算書類または連結計算書類の粉飾に利用されるリスクに関する対応

② 取引の強要等親会社による不当な圧力に関する予防・対処方法

③　親会社の役員等との兼任役員等の子会社に対する忠実義務の確保に関する事項

④　子会社の監査役と親会社の監査役等との連絡に関する事項等

(7)　子会社の取締役等の職務の執行に係る事項の当該会社への報告に関する体制

①　子会社管理を担当する部署・責任者の定め

②　定期的な報告の仕組みに関する事項等

(8)　子会社の損失の危険の管理に関する規程その他の体制

子会社における(3)に関する事項

(9)　子会社の取締役等の職務の執行が効率的に行われることを確保するための体制

子会社における(4)に関する事項

(10)　子会社の取締役等および使用人の職務の執行が法令および定款に適合することを確保するための体制

子会社における(1)・(5)に関する事項

(11)　監査役がその職務を補助すべき使用人を置くことを求めた場合における当該使用人に関する事項

①　監査役が補助使用人を求めた場合に補助使用人を置くのか

②　監査役専属の補助使用人を置くのか、他の部署と兼務か

③　補助使用人の人数や地位

(12)　当該使用人の当該会社の取締役からの独立性に関する事項

①　補助使用人の異動についての監査役会の同意の要否

②　取締役会の補助使用人に対する指揮命令権の有無

③　補助使用人の懲戒についての監査役会の関与

(13)　監査役のその職務を補助すべき使用人に対する指示の実効性の確保に関する事項

①　補助使用人の職務に対する協力体制

②　監査役の取締役会への出席その他重要な会議への同行の確保等

(14)　取締役および会計参与ならびに使用人が監査役に報告をするための体制

①　監査役に報告すべき事項の範囲

②　報告すべき事項に応じた報告方法

③　使用人が、直接、監査役に報告するものとするか（いわゆる内部通報制度）

176　第2編　Q&A　第2章　取締役会

(15)　子会社の取締役、会計参与、監査役、執行役、業務を執行する社員、法598
　　条1項の職務を行うべき者その他これらの者に相当する者および使用人または
　　これらの者から報告を受けた者が監査役に報告をするための体制
①　親会社の監査役に報告すべき事項の範囲
②　報告すべき事項に応じた報告方法
③　子会社の取締役、使用人等が、直接、監査役に報告するものとするか
　（いわゆる内部通報制度）
(16)　(15)の報告をした者が当該報告をしたことを理由として不利な取扱いを受けな
　　いことを確保するための体制
①　いわゆる内部通報制度に係る適切な体制
②　情報提供者の秘匿に関する規律
③　不利益取扱いの禁止に関する規律
(17)　監査役の職務の執行について生ずる費用の前払または償還の手続その他の当
　　該職務の執行について生ずる費用または債務の処理に係る方針に関する事項
監査役の職務執行について生ずる費用に関する規程の整備等
(18)　その他監査役の監査が実効的に行われることを確保するための体制
①　内部監査部門・会計監査人・グループ会社の他の監査役との連携
②　独自の外部専門家（弁護士、公認会計士）の起用
③　法律・会計等の分野を専門とする監査役の選任等

Q89　内部統制システムの構築・運用

　内部統制システムの構築・運用に際して、どのような水準を満たすことが求
められますか。

1　内部統制システムの構築について

　いわゆる内部統制システムの構築は重要な業務ですので、取締役会において
その大綱を決定し、代表取締役および業務執行取締役は、その大綱を踏まえて
担当する部門における内部統制システムを具体的に決定する職務を担います。
　この意味において、各取締役は、取締役会の構成員として大綱を決定する職
責を負い、代表取締役および業務執行取締役は、内部統制システムを現実に構
築する職務を担うことになります。
　さらに、裁判例では、各取締役が、代表取締役および業務執行取締役が内部
統制システムを構築すべき義務を適正に履行しているか否かを監視する義務を

負うことが明らかにされています。

2 構築すべき内部統制システムの水準

内部統制システムを構築するにあたって決議すべき事項は会社法上明確に定められていますが（**Q87**）、そこで構築すべき内部統制システムの具体的な内容や水準については会社法上は何ら定められていません。

この点については、裁判例では、「取締役は、会社の事業の規模や特性に応じて従業員による不正な行為などを含めて、リスクの状況を的確に把握し、適切にリスクを管理する体制を構築し、また、その職責や必要の限度において、個別リスクの発生を防止するために指導監督すべき善管注意義務を負う」と判示している例があり、参考になります。

すなわち、各社の事業規模や事業特性に応じてリスクの内容は異なりうるので、各社においてリスクの内容を把握し、リスクの顕在化を防止できるような体制の構築が求められているわけです。

たとえば、出版社であれば、その事業特性として、出版物の内容によって他者の名誉を毀損するリスクを内包しているので、そのリスクの現実化を防止できるような体制の構築が求められます。インサイダー情報の集積が不可避な報道機関においては、その事業特性として、従業員によるインサイダー取引発生のリスクを内包しているので、やはりそのリスクの現実化を防止できるような体制の構築が求められます。

重要なことは各社においてリスクの状況を的確に把握すること、そして、そのリスクの発生を防止できるような体制を構築することです。

3 構築した内部統制システムの運用

構築した内部統制システムについて適切な運用がされる必要があることは当然です。

また、構築した内部統制システムについては定期的に見直すことが望ましく、自社や同業他社において内部統制システムの不備に起因する事故・事件等が発生した場合には、同様の事故・事件等の発生を防止すべく、内部統制システムを再検証する必要があるといえるでしょう。

Q90 監査等委員会設置会社・指名委員会等設置会社における「経営の基本方針」

監査等委員会設置会社および指名委員会等設置会社の取締役会の決議事項である「経営の基本方針」とは、どのようなものをいいますか。

1 決議義務

監査等委員会設置会社および指名委員会等設置会社の取締役会は、「経営の基本方針」の決定を行わなければならないこととされています（法399条の13第1項1号イ、416条1項1号イ）。

2 「経営の基本方針」の内容

ここでいう「経営の基本方針」とは、当該会社の経営はいかにあるべきかに関する基本的な方針を意味し、経営戦術のレベルを超える基本的な経営戦略がこれに該当すると解されています。

具体的には、当該会社の中長期の経営計画がこれに該当します。

さらに年度ごとの経営計画もこれに該当しうると解されていますが、1年ごとの方針の策定が必ずしも求められるわけではありません。

また、一旦決議した経営の基本方針について毎年決議し直すことが求められるわけでもありません。

3 監督・評価の指針としての機能

取締役会が決定した経営の基本方針は、監査等委員会設置会社の業務執行取締役や指名委員会等設置会社の執行役のパフォーマンスを評価するための指針ともなりますので、取締役会による監督・評価の場面においても重要な機能を果たすことになります。

Q91 特別取締役による取締役会決議

特別取締役による取締役会決議の制度について教えてください。

---

1 特別取締役による取締役会決議の制度

取締役会設置会社であって、取締役の数が6人以上で、かつ、取締役のうち1名以上が社外取締役である場合、取締役会の専決事項のうち、「重要な財産の処分及び譲受け」ならびに「多額の借財」に限り、あらかじめ選定した3人以上の取締役（特別取締役）のうち議決に加わることができるものの過半数をもって決議できる旨を取締役会で定めることができます（法373条1項）。

指名委員会等設置会社においては、この制度は利用できませんが、監査等委員会設置会社においては、①取締役の過半数が社外取締役である場合および②取締役会決議によって重要な業務執行の決定を取締役に委任することができる旨の定款の定めがある場合の2つの場合を除いては、この制度を利用することが可能です。

2　制度趣旨

　この制度は、多数の取締役を有する指名委員会等設置会社以外の取締役会設置会社において、「重要な財産の処分及び譲受け」ならびに「多額の借財」について、機動的な意思決定を可能とするためのものです。

3　実務上の利用実績

　しかしながら、実務上は、この制度はあまり利用実績がないといわれています。

　利用範囲が前述の2つの専決事項に限定されているため、制度導入によるメリットが必ずしも大きくないこと、また、機関設計や定款を変更することなく取締役会の決議要件を緩和する制度であるため、コーポレートガバナンスの観点で株主から消極的な評価を受けるおそれがあること等が利用が広まらない要因であると考えられています。

第3章 指名委員会等設置会社・監査等委員会設置会社

1 指名委員会等設置会社の三委員会

Q92 三委員会の構成

指名委員会・監査委員会・報酬委員会の構成について、どのような規制がありますか。

1 三委員会の構成

各委員会の委員は、取締役会の決議によって選定される（法400条2項）ところ、指名委員会・監査委員会・報酬委員会の構成に共通する規制として、次のものがあります（法400条1項～3項）。

① 3名以上で組織される。

② 委員は取締役でなければならない。なお、指名委員会等設置会社の取締役は、指名委員会等設置会社の支配人その他の使用人を兼ねることはできず（法331条4項）、指名委員会等設置会社の会計参与を兼ねることもできません（法333条3項1号）。

③ 各委員会の委員の過半数は社外取締役でなければならない。

取締役が複数の委員会の委員を兼ねることは禁止されておらず、三委員会のメンバーをすべて同じにすることは可能です。なお、執行役は、取締役を兼務することができますが（法402条6項）、後述のとおり、監査委員を兼ねることはできないため（法400条4項）、指名委員会等設置会社の役員としては最低4名（三委員会の委員3名＋執行役1名）が必要ということになります。

上記②のとおり、三委員会は取締役から構成され、取締役会によって選任される（法400条2項）とされていることから、取締役会の内部機関であると解されています。

また、上記③のとおり、各委員会の委員の過半数を社外取締役としなければ

ならないのは、各委員会の独立性を確保するためです。

2 監査委員にかかる兼任禁止

上記に加え、監査委員会の委員は、自己監査を防止し監査の実効性を確保する趣旨から、①指名委員会等設置会社の執行役・業務執行取締役、②子会社の執行役・業務執行取締役・会計参与・支配人その他の使用人を兼ねることができないとされています（法400条4項）。

また、監査委員も取締役ですから、指名委員会等設置会社の使用人や会計参与を兼ねることもできません。

なお、監査役会と異なり、指名委員会等設置会社の監査委員会においては、常勤の監査委員の選定は義務付けられていません。これは、監査役が自ら会社の業務・財産の調査等を行う方法で監査を行うことが想定されているのに対して、監査委員会においては、内部統制システムが適切に構築・運営されているかどうかを監視し、必要に応じて内部統制部門に対して指示を行う方法で監査を行うことが想定されているからです。

Q93 指名委員会の権限

指名委員会はどのような権限を有していますか。また、代表取締役等が指名委員会に対して取締役候補者の原案を提案することはできますか。

1 指名委員会による取締役選任・解任議案の決定

法404条1項は、「指名委員会は、株主総会に提出する取締役（会計参与設置会社にあっては、取締役及び会計参与）の選任及び解任に関する議案の内容を決定する」と定めています。このように、指名委員会は、株主総会に提出する取締役および会計参与の選任・解任議案の内容を決定しますが、ここでは取締役の選任・解任議案について述べます。

取締役は株主総会で選任されるところ（法329条1項）、指名委員会等設置会社以外の会社では、取締役の選任・解任議案の内容は取締役会で決定されます。しかし、実質的には社長等が決定している場合も多いとされます。

これに対して、指名委員会等設置会社では、社外取締役が過半数を占める指名委員会に取締役の選任・解任議案の「最終的な」決定権を与えることにより、社外の目からみても適切な取締役が選任される仕組みを構築しようとしています。

このような趣旨から、取締役会は、指名委員会が決定した議案の内容を変更

したり、取り消したりすることはできないと解されています。

2 代表取締役等による取締役候補者の原案提案の可否

上記のように、取締役選任・解任議案の内容の決定権は指名委員会にありますが、代表取締役等が指名委員会に対して取締役候補者の原案を提案することはできます。

指名委員会としては、このような提案内容も含めて検討し、適切な取締役選任議案を決定することになります。

3 株主による提案

指名委員会等設置会社においても、株主が議題提案権（法303条）や議案提出権（法304条）により取締役候補者を提案することはできます。

なお、指名委員会等設置会社では、種類株主総会で取締役を選任することができるという内容の種類株式を発行することができません（法108条1項柱書ただし書）。

Q94 監査委員会の権限

監査委員会はどのような権限を有していますか。

---

1 監査権限等

監査委員会の主な権限は、執行役等（執行役、取締役および会計参与）の職務の執行の監査です（法404条2項1号）。

このような監査権限を実効性あるものにするため、監査委員会には次のような権限または義務が定められています。なお、各監査委員が個別に権限を有するものも含めて列挙します。

① 調査権限
・監査委員会が選定する監査委員は、いつでも、執行役等および支配人その他の使用人に対し、その職務の執行に関する事項の報告を求めるとともに、指名委員会等設置会社の業務および財産の状況の調査をすることができます（法405条1項）。子会社に対する調査権限もありますが、子会社は正当な理由があれば調査等を拒むことができます（同条2項・3項）。
・監査委員会は、執行役等（執行役、取締役および会計参与）に対し、監査委員会に出席して、監査委員会が求める事項の説明を要請することができます（法411条3項）。なお、執行役は、会社に著しい損害を及ぼす

おそれのある事実を発見したときは、直ちに、当該事実を監査委員に報告しなければならないとされています（法419条1項）。

・監査委員は取締役でもありますので、取締役会に報告される事項等を通じて、調査を行うことができます。

② 報告義務・権限

・監査委員は、執行役または取締役が法令・定款に違反する行為等をしたり、不正行為またはそのおそれがあると認めるときは、遅滞なく、その旨を取締役会に報告しなければなりません（法406条）。

・監査委員会がその委員の中から選定する者は、遅滞なく、監査委員会の職務の執行の状況を取締役会に報告しなければなりません（法417条3項）。

・監査委員会は、各事業年度ごとに監査報告を作成し、株主に報告を行います（法404条2項1号）。

③ 是正権限

・監査委員は、執行役または取締役が会社の目的外の行為その他法令・定款に違反する行為をし、またはこれらの行為をするおそれがある場合において、当該行為によって会社に著しい損害が生ずるおそれがあるときは、当該執行役または取締役に対し、当該行為の差止めを請求することができます（法407条）。

・監査委員は、執行役・取締役、完全子会社等の取締役等に対する訴訟について、会社を代表する権限を有します（法408条）。

・執行役、監査委員を除く取締役および特定責任に関する完全子会社等の取締役等の会社に対する責任を一部免除するためには、監査委員会の委員全員の同意を要します（法425条3項3号、426条2項、427条3項）。

④ 会計監査に関する権限

・監査委員会は、株主総会に提出する会計監査人の選任・解任および会計監査人を再任しないことに関する議案の内容の決定を行います（法404条2項2号）。

・監査委員会は、計算書類、事業報告およびこれらの付属明細書の監査を行い（法436条2項）、監査報告を作成します（法404条2項1号）。

2 違法性監査と妥当性監査

監査委員会は、執行役等の職務が法令・定款に違反しないかという観点から監査を行う権限（違法性監査）を有しますが、監査役（会）設置会社の監査役

と異なり、業務執行の効率性・妥当性の観点からも監査を行う権限（妥当性監査）も有していると解されています。

監査委員は取締役会の一員でもある上、監査委員会の監査結果が指名委員会や報酬委員会を構成する社外取締役の判断においても有用な情報となることから、監査委員会と指名委員会・報酬委員会との連携の観点からも、妥当性監査まで含むものと解されています。

3　組織監査

監査役会設置会社の監査役は、全員で監査役会を構成しますが、監査権限の行使は各監査役が独立して行うものとされています（独任制）。

これに対して、指名委員会等設置会社の場合、「監査委員会が選定する監査委員」が個別権限を行使することとされ（法405条1項・2項）、選定された監査委員は、これらの権限行使についての監査委員会の決議があるときは、これに従わなければならないとされている（同条4項）とおり、監査委員会が組織として監査を行うことが予定されています。監査委員会は、内部統制部門を通じて組織的に監査を行うこととされているのです。

なお、例外的に、違法行為またはそのおそれがある場合の取締役会への報告（法406条）、違法行為等の差止請求権（法407条）は、緊急性が認められるものであることから、各監査委員が行うことができます。

このように、監査委員会は、組織的に監査を行うことが予定されていますが、すべての監査委員を法405条1項・2項の権限を行使できる者と「選定」し、かつ、常勤の監査委員を置いて常勤監査委員が日常の往査等を行うようにすることで、監査役会設置会社の監査役会に近い形で運用することもできます。

4　内部統制システム

上記のように指名委員会等設置会社の監査委員会は、内部統制システムを通じて組織的に監査を行うことが予定されているため、内部統制システムが適切に整備されていることが重要になります。

そこで、指名委員会等設置会社においては、大会社に限らず内部統制システムの決議が義務付けられます（法416条1項1号ホ）。

また、監査役設置会社の場合は、「監査役設置会社の監査役がその職務を補助すべき使用人を置くことを求めた場合」に当該使用人に関する事項を決議しなければならないのに対し（施98条4項1号～3号）、指名委員会等設置会社の場合は、当然に、これらの事項を含めた「監査委員会の職務の執行のため必要な」事項を決議しなければなりません（法416条1項1号ロ、施112条1項）。

1 指名委員会等設置会社の三委員会　Q95　185

Q95　報酬委員会の権限

報酬委員会はどのような権限を有していますか。

1　取締役および執行役等の個人別報酬の決定

(1)　法404条3項

法404条3項は、報酬委員会は、「執行役等の個人別の報酬等の内容を決定する。執行役が指名委員会等設置会社の支配人その他の使用人を兼ねているときは、当該支配人その他の使用人の報酬等の内容についても、同様とする」と定めています。「執行役等」とは、執行役、取締役および会計参与をいいます（同条2項1号）。

したがって、報酬委員会は、次の報酬を決定する権限を有することになります。

① 取締役の個人別の報酬（なお、指名委員会等設置会社では、取締役は使用人を兼務することができません。法331条4項）

② 執行役の個人別の報酬（使用人兼務執行役の使用人報酬部分を含みます）

③ 会計参与の個人別の報酬

ここでは、会計参与を除く、取締役と執行役の報酬について述べます。

(2)　法409条

報酬委員会の決定方法等については法409条が定めており、報酬委員会は、「執行役等の個人別の報酬等の内容に係る決定に関する方針」を定めなければならず、この方針に従って、執行役等の個人別の報酬を決定しなければならないとされています（同条1項・2項）。なお、かかる方針は事業報告に記載されます（法435条2項、施121条6号）。

また、報酬を確定金額とする場合は個人別の額、不確定金額とする場合は個人別の具体的な算定方法、非金銭報酬とする場合は個人別の具体的な内容を決定しなければなりません（法409条3項）。

(3)　報酬委員会による報酬決定の趣旨

報酬委員会が「取締役」の個人別報酬を決めることについては、お手盛りの危険もないわけではありませんが、指名委員会等設置会社の取締役の地位において受ける報酬等は多くないと考えられるため、取締役の独立性確保を優先して、報酬委員会の権限としたとされています。

これに対して、報酬委員会が「執行役」の個人別報酬を決めることについて

186　第2編　Q&A　第3章　指名委員会等設置会社・監査等委員会設置会社

は、報酬コンサルタント等を利用して合理的な報酬体系を確立し、それを開示することによって、各執行役の業績を報酬に反映させること、および株主との利害調整を図る趣旨であるとされています。

　かかる趣旨から、報酬委員会が決定した個人別の報酬等の内容を、取締役会が変更または取り消すことはできず、また、株主総会により覆すこともできないとされています。また、報酬委員会で報酬総額を定め、個別の報酬額の決定を取締役会や執行役等に委任することはできません。

2　「報酬等」の意義

　報酬委員会が決定する「報酬等」には、賞与やストックオプションも含まれます（**Q51**参照）。

　また、使用人兼務執行役の使用人給与部分についても、報酬委員会で決定されます（法404条3項）。

3　特別利害関係

　報酬委員会の各委員が自らの取締役としての報酬や、執行役を兼ねる場合の執行役としての報酬を決める場合、その決定においては、特別利害関係を有する委員（法412条2項）として、議決に加わることはできないとされています。

　この点では、指名委員会等設置会社以外の会社において、株主総会で定められた報酬総額の枠内で、取締役会で各取締役の報酬を決定する場合、各取締役は特別利害関係を有する取締役（法369条2項）とはならないと解されていることと異なります。

4　報酬コンサルタントの助言

　報酬委員会は、報酬の方針や個人別報酬を決めるに際し、報酬コンサルタントの助言等を受けることができ、その費用を会社に請求することができます（法404条4項）。なお、かかる費用請求権は他の委員会にも同様に認められています。

Q96　三委員会の運営

　指名委員会・監査委員会・報酬委員会の運営について、どのような規制が設けられていますか。

1　三委員会の運営

　指名委員会等設置会社の各委員会の運営については、法410条〜414条で定められています。

(1) 招集権者

各委員会は、各委員が招集することができます（法410条）。社外取締役の招集権を確保するため、取締役会と異なり、取締役会決議や定款その他の内部規則によっても、特定の委員のみが招集権を有する旨を定めることはできません。

(2) 招集手続

各委員会を招集するには、1週間（これを下回る期間を取締役会で定めた場合にあっては、その期間）前までに、各委員に対してその通知を発しなければなりません（法411条1項）。通知は書面に限らず、口頭でも足りるとされています。

もっとも、委員全員の同意があるときは、招集手続を経ることなく開催することができます（同条2項）。

また、各委員会は、執行役に対し、委員会に出席して、委員会が求めた事項の説明を求めることができます（同条3項）。

(3) 決議

各委員会の決議は、議決に加わることができるその委員の過半数（これを上回る割合を取締役会で定めた場合にあっては、その割合以上）が出席し、その過半数（これを上回る割合を取締役会で定めた場合にあっては、その割合以上）をもって行うこととされています（法412条1項）。なお、特別利害関係を有する委員は議決に加わることができません（同条2項）。

各委員会の決議を省略すること（書面決議）は認められていません。

(4) 議事録

各委員会の議事については、議事録を作成し、出席した委員が署名または記名押印をしなければなりません（法412条3項）。議事録は開催日から10年間、本店に備え置かれます（法413条1項）。

(5) 各委員会への報告の省略

執行役や取締役等が各委員会の委員全員に対して各委員会に報告すべき事項を通知したときは、当該事項を各委員会に報告することを要しないとされています（法414条）。

2 委員会の開催頻度

取締役会と異なり、各委員会をどの程度の頻度で開催すべきかについて、会社法は定めを置いていません。

したがって、各会社の実情に合わせて開催頻度を決めることができますが、

一般的には、以下のような開催スケジュールが必要と考えられます。

　(1)　指名委員会

　指名委員会等設置会社の取締役の任期は1年であることから、毎年、株主総会に提出する取締役選任議案を決定しなければなりません。そのため、指名委員会は最低年1回開催することが必要です。

　加えて、定時株主総会で選任された取締役の中から、取締役会決議により各委員会の委員が選定されますので、各委員の役割分担や年間スケジュールを決めるため、当該取締役会の後に委員会を開催することが考えられます。

　また、業績評価等を行うために、定期的に指名委員会を開催することが望ましいと考えられます。商事法務研究会が2015年に行ったアンケート結果では、委員会等設置会社における指名委員会の開催回数は、年間で平均年4.3回（中央値3回）であったとされています。

　(2)　監査委員会

　監査委員会としては、定時株主総会前に、監査報告を作成するために開催する必要があります。

　加えて、指名委員会と同様、定時株主総会後に年間スケジュール等を決めるために開催する例が多いと思われます。また、内部統制部門から報告等を受け、かつ、監査業務の内容および結果を取締役会に報告する（法417条3項）ために、定期的に開催するのが一般的です。多くの会社では、監査委員会は月1回行われているとされています。上記アンケート結果では、監査委員会の開催回数は、年間で平均12.3回（中央値は年13回）であったとされています。

　(3)　報酬委員会

　報酬委員会は、取締役および執行役の個別の報酬額を決める必要がありますので、定時株主総会およびその後の取締役会で、取締役および執行役が決まった後、報酬委員会を開催し、報酬にかかる基本方針（法409条1項）および個別報酬等を決定する必要があります。

　また、賞与や業績連動型報酬を定める場合は、期中に報酬委員会を開催し、個別報酬を決定することも必要になると考えられますし、各会社の実情に応じて報酬委員会の開催頻度を決定することになります。上記アンケート結果では、報酬委員会の開催回数は、年間で平均3.9回（中央値は年3回）であったとされています。

② 執行役

Q97 執行役の選任・終任

執行役として選任されるためには、どのような要件を満たす必要がありますか。また、執行役の終任について、どのような定めがなされていますか。
執行役と執行役員との違いについても教えてください。

1 執行役の資格

執行役については、取締役と同様、自然人でなければならないなど、一定の欠格事由があります（法402条4項、331条1項）。

加えて、執行役は取締役を兼務することはできますが（法402条6項）、監査委員会の委員を兼ねることができません（法400条4項）。また、会計参与や、親会社の監査役・監査委員・会計参与を兼ねることもできません（法333条3項1号、335条2項、400条4項）。なお、指名委員会等設置会社では、執行役が使用人を兼務することはできますが（法404条3項参照）、取締役が使用人を兼ねることはできません（法331条4項）。

非公開会社を除き、執行役を株主に限るとの定款の定めを設けることはできません（法402条5項）。

2 執行役の選任手続

指名委員会等設置会社には、1人以上の執行役を置かなければならず（法402条1項）、執行役の選任は取締役会決議でなされます（同条2項）。

なお、執行役選任権限を指名委員会に委任することはできませんが、内部規則によって執行役候補者を指名委員会が取締役会に提案する旨を定めることはできると解されています。

3 執行役の終任

執行役は、取締役と同様、任期満了、辞任、資格喪失、解任等により終任となります。執行役の任期は原則として1年であり、定款で任期を短縮することはできますが、伸長することはできません（法402条7項）。

執行役は取締役会決議で解任することができますが（法403条1項）、解任された執行役は、解任について正当な理由がある場合を除き、会社に対し、解任によって生じた損害の賠償を請求することができます（同条2項）。

4　代表執行役の選定・解職

　指名委員会等設置会社の取締役会は、執行役の中から代表執行役を選定しなければならず、執行役が 1 人のときは、その者が代表執行役に選定されたものとされます（法 420 条 1 項）。

　また、代表執行役は、取締役会の決議によって解職することができます（法 420 条 2 項）。

5　選任・解任等における特別利害関係

　以上のように、執行役の選任・解任、代表執行役の選定・解職は、いずれも取締役会決議でなされますが、対象となる執行役が取締役を兼務している場合、特別利害関係人として議決権を行使できなくなるか（法 369 条 2 項）が問題となります。

　かかる問題については、代表取締役の選定・解職の場合と同様に考えられており、執行役の選任や代表執行役の選定については特別利害関係人とならないが、執行役の解任および代表執行役の解職については特別利害関係人となると解されています（**Q80** 参照）。

6　執行役と執行役員との違い

　執行役は、会社法上の「役員等」（法 423 条 1 項）であり、会社との関係はいずれも委任に関する規定に従います（法 330 条、402 条 3 項）。

　これに対して、執行役員と会社との関係は、委任契約とすることも可能であると解されていますが、雇用契約の方が多いと思われます。そして、執行役員は委任型・雇用型を問わず、会社法上は、「役員等」には含まれず、「重要な使用人」（法 362 条 4 項 3 号）に該当すると解されています。したがって、執行役員には会社法上の役員等に関する規定は適用されません。そのため、執行役員の選任は原則として取締役会決議が必要ですが（法 362 条 4 項 3 号、416 条 4 項参照）、執行役員の報酬等については原則として会社の内部規則等により定めることができます（なお、法 404 条 3 項参照）。

　このように、業務執行取締役・執行役と執行役員は、会社法上、前者が「役員等」であるのに対し、執行役員はあくまで「重要な使用人」であることに根本的な違いがあります。

　もっとも、コーポレートガバナンス・コードにおいては、執行役員も「経営陣」として、取締役会による監督に服するものとされています。

Q98 執行役の権限

執行役の権限について、どのように定められていますか。

1 執行役の職務内容

執行役は、次の職務を行うこととされています（法418条）。

① 法416条4項の規定による取締役会の決議によって委任を受けた指名委員会等設置会社の業務の執行の決定

② 指名委員会等設置会社の業務の執行

指名委員会等設置会社においても、取締役会は、「指名委員会等設置会社の業務の執行の決定」（法416条1項1号）を行うことが原則です。この場合、取締役会が業務執行の内容を決定し、執行役が具体的な業務執行を行うことになります。

しかし、指名委員会等設置会社では、取締役会決議により、一定の事項を除き、業務執行の決定を執行役に委任することができるとされ（法416条4項）、業務執行の決定権限を大幅に執行役に委任することを認めています。

執行役に委任できる事項としては、重要な財産の処分（法362条4項1号）、多額の借財（同項2号）、重要な使用人の選任（同項3号）、簡易合併・略式合併等の株主総会決議を要しない組織再編の決定など多岐にわたります。これは、機動的な意思決定を可能にするとともに、指名委員会等設置会社における経営（業務執行）と監督の分離を可能にし、モニタリング・モデルの実現を図るための規定であるとされています。

2 執行役に委任できない事項

経営の基本方針の決定、内部統制システムに関する事項の決定、執行役の職務分掌等に関する事項の決定など、指名委員会等設置会社の取締役会の専権事項とされている事項については、取締役や執行役に委任することはできません（法416条1項・3項）。

また、①譲渡制限株式の譲渡承認、②株主総会に関する事項の決定、③競業取引・利益相反取引の承認、④取締役会の招集、⑤委員の選定・解職、執行役の選任・解任、代表執行役の選定・解職、⑥計算書類等の承認、⑦中間配当に関する事項の決定、⑧株主総会決議を要する事業譲渡、合併その他の組織再編に関する内容の決定等についても執行役に委任することができません（法416条4項各号）。これらは限定列挙であり、法362条4項の「その他の重要な業

192 第2編 Q&A 第3章 指名委員会等設置会社・監査等委員会設置会社

務執行」のような定めがないため、法416条4項で列挙されていない事項については、どのような事項でも取締役または執行役にその決定権限を委任できると解されています。

3 執行役が複数いる場合

取締役会は、「執行役が2人以上ある場合における執行役の職務の分掌及び指揮命令の関係その他の執行役相互の関係に関する事項」(法416条1項1号ハ)を決定しなければなりません。

したがって、執行役が複数いる場合は、取締役会が決定した職務分掌等に従って、執行役が業務執行の内容を決定し、かつ、業務を執行することになります。

なお、執行役が複数いる場合に「執行役会」を設置することは義務付けられていませんが、任意に執行役会を設置することは可能です。

Q99 執行役の監督体制

指名委員会等設置会社においては、執行役の監督体制について、どのような制度設計がなされていますか。

---

1 取締役会による監督

指名委員会等設置会社の取締役会は、執行役等(執行役、取締役および会計参与)の職務の執行の監督を行うとされています(法416条1項2号)。すなわち、モニタリング・モデルの柱である経営者(執行役)の監督は、取締役会の役割とされていることになります。

Q98でみたように、指名委員会等設置会社においては、業務執行の決定権限を大幅に執行役に委任することができますが、このような場合、執行役が業務執行の決定およびその執行を行い、他方、取締役会は、経営の基本方針等を決定するとともに、執行役等の監督に徹することになります。

2 具体的な監督手法

指名委員会等設置会社における執行役等に対する監督は、具体的には以下のような手法で行われることになります。

(1) モニタリングの指針・仕組みの決定

まず、取締役会は、中期経営計画等の「経営の基本方針」(法416条1項1号イ)を定めます。経営の基本方針は、執行役のパフォーマンスを評価するための重要な指針となることから、モニタリングの観点からも重要な機能を有し

ています。

　また、取締役会は、監査委員会の職務の執行のため必要な事項その他指名委員会等設置会社の内部統制システムに関する事項を決定します（同号ロ・ホ、施112条）。監査委員会の主要な職務が「執行役等の職務の執行の監査」（法404条2項1号）であることから、監査体制の決定を含め内部統制システムの決定を取締役会の専権事項とし、かかる内部統制システムを通じた監査・監督を行うことが予定されています。

　取締役会により、「執行役が2人以上ある場合における執行役の職務の分掌及び指揮命令の関係その他の執行役相互の関係に関する事項」（法416条1項1号ハ）を決めることとされていることも、各執行役の職務権限の範囲を明確にし、モニタリングに資することとなります。

　(2)　監査委員会・会計監査人による監査

　上記のとおり、監査委員会は、内部統制システムを通じて、執行役等の職務執行を監査します。監査委員は、調査権限（法405条）や執行役等の違法行為の差止請求権（法407条）を行使することができます。

　また、指名委員会等設置会社では、会計監査人の設置が義務付けられており（法327条5項）、会計の専門家による会計監査がなされます。

　(3)　執行役の人事権の掌握

　取締役会は、執行役の選任・解任権、代表執行役の選定・解職権を有していることから、執行役の人事権を掌握しています。これは、取締役会の執行役に対する監督権限を十分に行使し、執行役を速やかに入れ替えることができるようにするためです。

　(4)　報酬委員会による報酬の決定

　執行役等の業績評価等を適切に報酬に反映させるため、社外取締役が過半数を占める報酬委員会（法400条3項）が、執行役等の個別の報酬を決定できることとしています（法404条3項）。

　(5)　指名委員会による取締役の指名

　取締役会による監督が執行役から独立して適切になされるように、株主総会に提出する取締役の選任・解任に関する事項の決定は、社外取締役が過半数を占める指名委員会（法400条3項）に委ねられています（法404条1項）。

3　取締役と執行役の兼任

　会社法は、指名委員会等設置会社において、執行役が取締役を兼任することを認めています（法402条6項）。経営（業務執行）と監督の分離を徹底するな

194　第2編　Q&A　第3章　指名委員会等設置会社・監査等委員会設置会社

ら、兼任は認めるべきではないとも考えられますが、取締役会構成員の中に執行役を兼ねる者がいる方が、業務執行の状況等を適切に把握することができ、監督権限の適切な行使に資すると考えられています。

執行役と取締役との兼任関係があったとしても、社外取締役が過半数を占める指名委員会が適切に取締役を指名することができれば、取締役会の構成は適切なものとなり、取締役会による執行役の選任と併せて、経営（業務執行）と監督の適切な分離が実現されると考えられています。この意味でも、社外取締役の役割は極めて大きいということができます。

Q100　執行役の義務

執行役は会社に対してどのような義務を負いますか。

1　善管注意義務・忠実義務

指名委員会等設置会社と執行役との関係は、委任に関する規定に従うとされています（法402条3項）ので、執行役は、会社に対し、善管注意義務を負います（民法644条）。また、執行役は、会社に対し、忠実義務を負います（法419条2項、355条）。

執行役の会社に対する善管注意義務に関しては、取締役と異なり、他の執行役に対する一般的な監視義務を含まないと解されています。指名委員会等設置会社においては、執行役の監督は取締役会および監査委員会によってなされることが予定されているからです。もっとも、職務分掌として、執行役Xの執行役Yに対する指揮関係が定められている場合は、XはYを監督する義務があると解されています。

2　競業取引・利益相反取引の規制

執行役については、取締役の競業取引および利益相反取引に関する規定が準用されており（法419条2項）、取締役と同様の規制を受けます。

3　報酬に関する規制

執行役の義務ではありませんが、執行役の報酬については、報酬委員会が各執行役の個別報酬を決定します（法404条3項、409条）。指名委員会等設置会社の報酬決定方法については、**Q95**をご参照ください。

Q101　執行役の責任

執行役は会社および第三者に対してどのような責任を負いますか。

1　概説

執行役の会社に対する損害賠償責任等については、取締役の会社に対する責任とほぼパラレルに理解することができますので、ここでは、執行役の会社に対する責任を概説するにとどめます。

2　会社に対する責任

(1)　任務懈怠責任

執行役は、任務懈怠によって会社に損害を及ぼしたときは、会社に対し損害賠償責任を負います（法423条1項）。

かかる損害賠償責任を免除するには、総株主の同意が必要です（法424条）。また、執行役が善意・無重過失である場合の責任の一部免除については、取締役の場合と同様です（法425条、426条）。

なお、執行役は業務執行を行うことから、責任限定契約を締結することはできません（法427条参照）。

(2)　競業取引・利益相反取引にかかる特則

利益相反取引によって会社に損害が生じたときは、当該利益相反取引をした執行役等は任務を怠ったものと推定されます（法423条3項）。なお、監査等委員会設置会社と異なり、監査委員会の承認によってかかる推定規定を免れることはできません（同条4項参照）。

執行役が、「自己のため」に「直接取引」をした場合は、任務懈怠につき「責めに帰することができない事由によるものであること」をもって免れることはできません（法428条1項）。この場合、法425条〜427条の規定は適用されず（法428条2項）、責任を免除するためには総株主の同意（法424条）が必要となります。

(3)　その他の責任

株主権の行使に関する利益供与責任（法120条4項）、現物出資財産の価額てん補責任（法213条、286条）、仮装払込みに関する責任（法213条の3、286条の3）、分配可能額を超える剰余金の配当等に関する責任（法462条）、株式買取請求に応じて自己株式取得をした場合の責任（法464条）、剰余金配当等により事業年度末に欠損が生じた場合の責任（法465条）については取締役の

場合と同様です。

3　第三者に対する責任

執行役がその職務を行うについて悪意または重大な過失があり、第三者に損害を及ぼしたときは、第三者に対し損害賠償責任を負います（法429条1項）。

執行役が、①株式等を引き受ける者の募集に際して通知しなければならない重要事項について虚偽の通知等をした場合、②計算書類等の重要事項についての虚偽記載、③虚偽の登記、④虚偽の公告をしたときは、当該行為をすることについて注意を怠らなかったことを証明しない限り、第三者に対して損害賠償責任を負うことも取締役と同様です（法429条2項）。

4　連帯責任

執行役が会社または第三者に対して損害賠償責任を負う場合に、他の役員等も当該損害の賠償責任を負うときは、全員が連帯債務者となります（法430条）。

5　金融商品取引法上の責任

有価証券届出書・有価証券報告書等に虚偽記載があった場合には、執行役も取締役と同様の責任を負います（金商法21条1項1号、22条1項、24条の4等）。

③　監査等委員会設置会社

Q102　監査等委員の選任・終任等

監査等委員の選任・終任等について、どのような定めがなされていますか。また、監査等委員の独立性を確保するために、どのような制度が設けられていますか。

1　監査等委員の資格

監査等委員である取締役は、①監査等委員会設置会社の業務執行取締役・支配人その他の使用人、②子会社の業務執行取締役・会計参与・執行役・支配人その他の使用人を兼務することはできません（法331条3項）。

また、監査等委員会設置会社の会計参与も兼務できません（法333条3項1号）。

2　監査等委員の独立性確保

監査等委員および監査等委員会については、基本的に、監査等委員の地位お

3　監査等委員会設置会社　Q102　197

および独立性確保に関しては監査役（会）設置会社の監査役に近く、監査等委員会の権限等については指名委員会等設置会社の監査委員会に近い制度設計がなされています。以下、個別にみていきます。

3　監査等委員の選任

　監査等委員は取締役であるため（法399条の2第2項）、株主総会によって選任されますが、選任に際しては、監査等委員である取締役とそれ以外の取締役とを区別しなければなりません（法329条2項）。

　また、取締役が監査等委員である取締役の選任議案を株主総会に提出する場合には、監査等委員会の同意を得なければならず（法344条の2第1項）、監査等委員会は、取締役に対し、監査等委員である取締役の選任を株主総会の目的とすること、または、監査等委員である取締役の選任に関する議案を株主総会に提出することを請求することができます（同条2項）。

　さらに、監査等委員である取締役は、株主総会において、監査等委員である取締役の選任について意見を述べることができます（法342条の2第1項）。

　これらは、監査等委員である取締役の独立性を、監査役と同じような規制で確保しようとする趣旨です。

4　監査等委員の終任

(1)　監査等委員の終任手続等

　監査等委員である取締役は、それ以外の取締役と同様、任期満了、辞任、資格喪失、解任等により終任となります。監査等委員である取締役の任期は原則として2年であり、定款で任期を短縮することはできません（法332条1項・4項）。なお、監査等委員である取締役以外の取締役の任期は1年です（法332条3項）。

　監査等委員である取締役を解任するには、それ以外の取締役と異なり、株主総会の特別決議を要します（法309条2項7号）。また、監査等委員である取締役は、株主総会において、監査等委員である取締役の解任または辞任について意見を述べることができ（法342条の2第1項）、辞任した監査等委員は辞任後最初に招集される株主総会に出席して、辞任した旨およびその理由を述べることができます（同条2項）。これらも、監査等委員について監査役と同じような保護を与える趣旨です。

(2)　監査等委員である取締役の地位

　監査等委員である取締役の地位に関して、「監査等委員」と「取締役」の地位が可分なのか、不可分なのかという問題があります。どちらの立場をとって

も、「監査等委員」の地位のみを解職することはできず、監査等委員でない取締役を監査等委員に選任することもできませんが（このような手続を定める規定はありません）、監査等委員である取締役が、「監査等委員」の地位のみを辞し、監査等委員でない取締役として活動できるかという点が問題になります。

この点については、監査等委員である取締役の選任手続や報酬は、監査等委員でない取締役とは別に定められること等から、監査等委員である取締役の「監査等委員」の地位と「取締役」の地位は不可分であり、監査等委員の地位のみを辞することはできないと解されています。

5 監査等委員である取締役の報酬

監査等委員会設置会社においては、取締役の報酬等は株主総会決議で定められますが（法361条1項）、その際、監査等委員である取締役とそれ以外の取締役とを区別して定めなければならず（同条2項）、株主総会で個別報酬が定められていないときは、各監査等委員の個別の報酬については、株主総会決議の範囲内において、監査等委員である取締役の協議によって定めることとされます（同条3項）。

また、監査等委員である取締役は、株主総会において、監査等委員である取締役の報酬等について意見を述べることができます（同条5項）。

これらは監査役と同じような規制で、監査等委員の独立性を確保しようとする趣旨です。

Q103 監査等委員会の構成・運営

監査等委員会の構成・運営について、どのような規制が設けられていますか。

1 監査等委員会の構成

監査等委員会はすべての監査等委員で組織されます（法399条の2第1項）。そして、監査等委員会は、3名以上の取締役で構成され、その過半数は社外取締役でなければなりません（法331条6項、399条の2第2項）。なお、指名委員会等設置会社の監査委員会と同様に、監査等委員会設置会社の監査等委員会においては、常勤の監査等委員の選定は義務付けられていません。

監査等委員会は、指名委員会等設置会社の監査委員会と異なり、取締役会の下部機関ではなく、独立した機関であると解されており、この点では、監査役会に類似しています。

2　監査等委員会の運営

監査等委員会の運営については、法399条の8〜399条の12で定められています。

(1)　招集権者

監査等委員会は、各監査等委員が招集することができます（法399条の8）。社外取締役の招集権を確保するため、取締役会と異なり、取締役会決議や定款その他の内部規則によっても、特定の監査等委員のみが招集権を有する旨を定めることはできません。

(2)　招集手続

監査等委員会を招集するには、1週間（これを下回る期間を定款で定めた場合にあっては、その期間）前までに、各監査等委員に対してその通知を発しなければなりません（法399条の9第1項）。通知は書面に限らず、口頭でも足りるとされています。

もっとも、監査等委員全員の同意があるときは、招集手続を経ることなく開催することができます（同条2項）。

また、監査等委員会は、取締役に対し、監査等委員会に出席して、監査等委員会が求めた事項の説明を求めることができます（同条3項）。

(3)　決議

監査等委員会の決議は、議決に加わることができる監査等委員の過半数が出席し、その過半数をもって行うこととされています（法399条の10第1項）。かかる決議要件については、指名委員会等設置会社の監査委員会の場合と異なり（法412条1項参照）、取締役会による決議要件の変更は認められていません。これは、監査等委員会は、指名委員会等設置会社の監査委員会と異なり、取締役会の内部機関とはいえず一定の独立性確保が要請されるためです。

監査等委員会の決議には、特別利害関係を有する監査等委員は議決に加わることができません（同条2項）。

なお、監査等委員会の決議を省略すること（書面決議）は認められていません。

(4)　議事録

監査等委員会の議事については、議事録を作成し、出席した監査等委員が署名または記名押印をしなければなりません（法399条の10第3項）。議事録は開催日から10年間、本店に備え置かれます（法399条の11第1項）。

(5) 監査等委員会への報告の省略

取締役等が監査等委員の全員に対して監査等委員会に報告すべき事項を通知したときは、当該事項を監査等委員会に報告することを要しないとされています（法399条の12）。

3 監査等委員会の開催頻度

取締役会と異なり、監査等委員会をどの程度の頻度で開催すべきかについて、会社法は定めを置いていません。したがって、各会社の実情に合わせて開催頻度を決めることができます。

しかし、少なくとも、監査等委員会としては、定時株主総会前に監査報告を作成するために開催する必要がありますし、定時株主総会後に監査方針や年間スケジュール等を決めた上、内部統制部門からの報告を受けるため定期的に監査等委員会を開催する例が多いと思われます。

Q104　監査等委員会の権限

監査等委員会の権限について、どのような規制が設けられていますか。

1 概説

監査等委員会の監査権限については、基本的には指名委員会等設置会社の監査委員会に近い制度が採用されていますが、監査役会に倣った部分もあります。

また、監査等委員会は、監査権限のみならず、独自の権限として、取締役の人事・報酬についての意見陳述権を有しており、このために監査「等」委員会という名称が付されています。

2 監査権限

監査等委員会の主な権限は、取締役・会計参与の職務の執行の監査および監査報告の作成です（法399条の2第3項1号）。

このような監査権限を実効性あるものにするため、指名委員会等設置会社の監査委員会と同様（**Q94**参照）、調査権限・報告権限・是正権限・会計監査に関する権限が認められています（法399条の3〜399条の7、425条3項3号、426条2項、427条3項、436条2項）。

また、監査等委員会の監査権限は、違法性監査に限られず、妥当性監査にも及ぶこと（後述の意見陳述権もあるため、このための妥当性監査は必須です）、内部統制システムを通じた監査が想定されていることから、独任制は採用されておらず、原則として監査等委員会による組織監査を行うこととされていること

も指名委員会等設置会社の監査委員会と同じです。

　もっとも、①株主総会に提出する議案等について法令・定款違反等があるときの株主総会への報告義務があること（法399条の5）、②監査等委員会の職務執行についての取締役会への報告義務がないこと（法417条3項参照）については、監査委員会とは異なっており、監査役会に倣っています。

3　意見陳述権

(1)　意見陳述権の内容等

　監査等委員会が選定する監査等委員は、株主総会において、監査等委員である取締役「以外」の取締役の選任・解任・辞任および報酬等について監査等委員会の意見を述べることができます（法342条の2第4項、361条6項、399条の2第3項3号）。

　かかる権限は、取締役に対する監督機能の根幹である人事および報酬の決定について、指名委員会等設置会社の指名委員会・報酬委員会の機能の一部を代替するものであり、監査等委員会設置会社のガバナンスにおいて重要な権限ということができます。もっとも、監査等委員会には決定権はなく、意見を述べる権限にとどまっており、その限界も指摘されています。

　なお、監査等委員会は、株主総会において必ず意見を述べなければならないわけではありません。

(2)　意見陳述権を行使できる株主総会の範囲

　監査等委員会が意見陳述権を行使できる株主総会の範囲が、取締役の選任・解任や報酬等に関する議題が審議される株主総会に限られるかについては条文上明らかではありません。

　この点については、取締役を解任すべき事由や、報酬等を減額すべき事由が認められるにもかかわらず、取締役会がそのための議題を株主総会に提出しないことも考えられるところ、このような場合にこそ、意見を述べる必要があることから、監査等委員会の意見陳述権は、取締役の人事・報酬等が議題となっている株主総会に限られず、「すべて」の株主総会において行使することができるという見解が有力です。

(3)　報酬等に関する意見は個人別の報酬に及ぶか

　指名委員会等設置会社の報酬委員会が個人別の報酬を決定するのと異なり、法361条1項に基づく株主総会による取締役報酬の決定は、判例上、その総額を決めれば足り、個人別の報酬を決める必要はないとされています。

　そこで、監査等委員会による報酬等に対する意見陳述権は、その総額に関す

202　第2編　Q&A　第3章　指名委員会等設置会社・監査等委員会設置会社

る意見なのか、それとも個人別の報酬額に関する意見なのかが問題となります。

　この点については、監査等委員会の意見陳述権の趣旨が、指名委員会等設置会社における報酬委員会の経営評価機能を代替するものであることから、個人別の報酬を意味するという見解が有力です。

Q105　任意の委員会設置

　監査等委員会設置会社において、任意の指名委員会・報酬委員会等、任意の委員会を設置することはできますか。

　監査等委員会設置会社において、任意の委員会を設けることは可能であり、指名委員会および報酬委員会に相当する委員会を設置する例も多くあります。また、投資委員会・リスクマネジメント委員会など、他の委員会を設置する例もみられます。なお、このことは監査役（会）設置会社においても同様です。

　コーポレートガバナンス・コード（原則4-10）においても、「必要に応じて任意の仕組みを活用することにより、統治機能の更なる充実を図るべきである」とした上で、「上場会社が監査役会設置会社または監査等委員会設置会社であって、独立社外取締役が取締役会の過半数に達していない場合には、経営陣幹部・取締役の指名・報酬などに係る取締役会の機能の独立性・客観性と説明責任を強化するため、例えば、取締役会の下に独立社外取締役を主要な構成員とする任意の諮問委員会を設置することなどにより、指名・報酬などの特に重要な事項に関する検討に当たり独立社外取締役の適切な関与・助言を得るべきである」としています（補充原則4-10①）。

編者・著者紹介

【編者】

北浜法律事務所

　　東京・大阪・福岡の3拠点を有する総合法律事務所。会社法、M&A、倒産・事業再生、ファイナンス、国際取引、知的財産、労働法務、独占禁止法、リスク・マネジメント、税務、訴訟・紛争など、あらゆる分野を取り扱い、クライアントのニーズに対応している。

　　　大阪　〒541-0041　大阪市中央区北浜1-8-16　大阪証券取引所ビル
　　　　　　電話番号：06-6202-1088　　FAX番号：06-6202-9550

　　　東京　〒100-0005　東京都千代田区丸の内1-7-12　サピアタワー14F
　　　　　　電話番号：03-5219-5151　　FAX番号：03-5219-5155

　　　福岡　〒812-0018　福岡市博多区住吉1-2-25
　　　　　　キャナルシティ・ビジネスセンタービル4F
　　　　　　電話番号：092-263-9990　　FAX番号：092-263-9991

【著者】

渡辺　徹（わたなべ　とおる）　大阪事務所
　1991年　京都大学法学部卒業
　1993年　弁護士登録（45期）
　1998年　パートナー就任
　2009年～　京都大学法科大学院非常勤講師（会社法実務演習担当）
　2011年～2013年　司法試験考査委員（商法担当）

荒川雄二郎（あらかわ　ゆうじろう）　東京事務所
　1994年　立命館大学法学部卒業
　2000年　弁護士登録（52期）
　2006年　米国California州University of Southern California留学
　2007年　シンガポール共和国Rajah&Tann法律事務所勤務
　2009年　パートナー就任

原　吉宏（はら　よしひろ）　大阪事務所
　1999年　京都大学法学部卒業
　2000年　弁護士登録（53期）
　2007年　大阪証券取引所（現・日本取引所自主規制法人）に出向

2010 年　パートナー就任
2015 年〜　司法試験考査委員・司法試験予備試験考査委員（商法担当）

谷口明史（たにぐち　あきひと）　東京事務所
　1999 年　慶應義塾大学商学部卒業
　2004 年　弁護士登録（57 期）
　2009 年　証券会社公開引受部に出向
　2012 年　パートナー就任

三木　亨（みき　とおる）　大阪事務所
　2004 年　京都大学法学部卒業
　2006 年　弁護士登録（59 期）
　2010 年　東京証券取引所自主規制法人（現・日本取引所自主規制法人）に出向
　2014 年　パートナー就任

コンパクト解説会社法 2
取締役・取締役会・執行役

2016年4月30日　初版第1刷発行

編　　者　　北浜法律事務所

発　行　者　　塚　原　秀　夫

発　行　所　　株式
会社　商　事　法　務
〒103-0025 東京都中央区日本橋茅場町 3-9-10
TEL 03-5614-5643・FAX 03-3664-8844〔営業部〕
TEL 03-5614-5649〔書籍出版部〕
http://www.shojihomu.co.jp/

落丁・乱丁本はお取り替えいたします。　　印刷／広研印刷㈱
© 2016 北浜法律事務所　　　　　　　　　　Printed in Japan
Shojihomu Co., Ltd.
ISBN978-4-7857-2410-8
＊定価はカバーに表示してあります。